Winterzauber

Hrsg. Karlheinz Sellheim/Autorentreff Bad Camberg e.V.

edition winterwork

Bibliografische Informationen der Deutschen Nationalbibliothek:
Die Deutsche Nationalbibliothek verzeichnet diese Publikation in der Deutschen Nationalbibliographie. Detaillierte bibliographische Daten im Internet über http://www.d-nb.de abrufbar.

Impressum

Herausgeber: © Karlheinz Sellheim
(Vorstand des Vereins Autorentreff Bad Camberg e.V.),
»Winterzauber«
www.edition-winterwork.de

Satz: Rita Hajak und Karl-Heinz Harpf
Umschlag: R. Hajak
Druck und Bindung: winterwork Borsdorf

ISBN 978-3-86468-184-4

Verein Autorentreff Bad Camberg e.V.

Winterzauber

☆☆☆

Anthologie

Kurzgeschichten und Gedichte

edition winterwork

Inhaltsverzeichnis

Vorwort ☆☆☆

Nachdem die lang reifende Idee einen Verein zu gründen in die Tat umgesetzt wurde, fanden sich auch schnell Autoren, mit denen wir gemeinsam unsere Vorhaben verwirklichen können.
Wir stellen uns in unserem gemeinnützigen Verein die Aufgabe, neue junge Autoren zu fördern, zu unterstützen und zu begleiten. Dies gilt natürlich ebenso für den Kinder- und Jugendbereich. Des weiteren kümmert sich der Verein um Lesetermine: zum Beispiel in Kliniken, Altenheimen, Sanatorien oder Büchereien. So wird für die Autoren eine Plattform gefunden, ihre Geschichten oder Gedichte der Öffentlichkeit zu präsentieren.
Es ergab sich schnell die Idee eine Anthologie herausbringen und damit Nachwuchsautoren bei der Veröffentlichung ihrer Ideen zu unterstützen.
Geschichten und Gedichte, die den Lesern die Winter- und Weihnachtszeit verschönern sollen. Es entstand das zauberhafte Buch **»Winterzauber«**
Ich wünsche viel Freude beim Lesen!

Auf diesem Wege bedankt sich der Verein Autorentreff Bad Camberg e.V. für die wunderschönen Beiträge.
Ein besonderer Dank gilt den Autorenmitgliedern, die eifrig geholfen haben, das Layout des Buches zu gestalten.
Nicht zuletzt möchte ich aber einen großen Dank an das Hessische Ministerium für Wissenschaft und Kunst sowie an die Stiftung der Nassauischen Sparkasse und Kreissparkassen-Stiftung Limburg-Weilburg, für die Unterstützung und Bereitstellung von Fördergeldern zur Verwirklichung dieses Projektes, aussprechen. Ohne diese Unterstützung wäre die Anthologie nicht zustande gekommen und Hilfe für junge Talente im Bereich Kunst und Literatur nicht möglich.

Karlheinz Sellheim
Vorstand (Hrsg)
Internet: http://autorentreff-badcamberg.de.tl/

Wintermomente

Petra Gottschalk

☆☆☆

Jede Stadt hat ihren Charme, doch es gibt eine Stadt, die das ganz Besondere hat, das Verborgene, das ganz Andere, tief in ihrem Herzen.

Es war ein so gleißendes Licht, dass Sesunit nichts sehen konnte, ihre Augen konnten sich an dieses Weiß zunächst gar nicht gewöhnen.

Musste sie ausgerechnet im Winter auf diesen Planeten kommen?

Es war kalt und ihre Augen konnten kaum etwas wahrnehmen, ihre Hände fühlten das schrille Weiß, es war irgendwie wie Zucker, aber feuchter und furchtbar eisig.

Wo sie herkam, waren die Augen an die Dunkelheit gewöhnt, da konnte sie alles erkennen, sie konnte am Horizont einen Schmetterling erkennen, sogar seine Farben und immer konnte sie sagen, wie sein Name war. Hier konnte sie mit Mühe sehen, dass die dunklen Giganten offenbar einen Weg säumten, diese Giganten waren so kahl, so ohne Leben. Aber das war auf diesem Planeten immer so im Winter.

Wo sie herkam, gab es keine Jahreszeiten, es war immer Sommer, aber nur wenn sie schlief, war es sonnenhell, tagsüber lag das angenehme Dunkel auf den Städten und über dem Land.

Hier war alles anderes. Aber sie hatte in die legendäre Stadt gewollt, sie wollte diese Stadt sehen, sie hatte so viel darüber gelesen. Diese Stadt hatte sie sich ausgesucht. Aber hier sah es nicht nach Stadt aus, es stand dort ein mächtig großes Haus, gebaut wie ein Kreuz, daneben ein rechteckiges Haus, die dunkle Silhouette war deutlich.

Nun begann es dunkler zu werden, die Dämmerung kam wie Balsam über den Horizont zu ihr herüber. Ihre Augen brannten nicht mehr so, nun sah sie eine Allee und dort hinten stand eine Kirche, eine der schönsten Kirchen, die sie jemals gesehen hatte.

Sie schaute in etwas, das wie eine kleine Taschenlampe aussah, mit einem schwarzen Bildschirm, nicht größer als ein Zwei-Eurostück, das sie immer dabei hatte. Dort konnte sie ablesen, dass sie kurz vor der Kreuzkapelle in Bad Camberg stand.
Sesunit errechnete blitzschnell, wie viele Kilometer sie schweben musste, um in ihre Traumstadt zu kommen.

Es gab ein dumpfes Geräusch und sie rieb sich die Stirn. Warum hatten denn die Frankfurter den Hammering Man gerade hier hin gestellt? Sie kontrollierte, ob er beschädigt worden war, als sie dagegen gestoßen war. Außer einer Beule bei ihr war nichts beschädigt worden. Gut, dass sie nicht gegen den Messeturm gestoßen war, das hätte ihr bestimmt noch weher getan. Sie gab zu, dass sie vor Aufregung nicht rechtzeitig gebremst hatte. Das musste sie noch üben, die Aufregung in den Griff zu bekommen.

Sie brachte sich in Sicherheit, die Autos waren schnell und die Lichter in der Dunkelheit schrill und sie konnte kaum sehen, wo die Straße verlief. Dass auf diesem Planeten nachts immer so viele Lichter strahlen mussten. Warum ließ man die Dunkelheit nicht einfach dunkel sein?
Ach ja, richtig, diese Menschen hier sahen ja im Dunkeln kaum etwas. Sie lief die Straße entlang und kam irgendwann wieder zu einer stattlichen Kirche. Sie war am Beethoven-Platz. Sie lehnte sich an das Gemäuer der Kirche. Das schrille Weiß aus Bad Camberg war in Frankfurt nur hier und da zu sehen. So erleuchtete der Schnee die Frankfurter Nacht nicht wirklich.

Sie fühlte sich so allein, doch Menschen waren unterwegs, aber sie sprach niemanden an.

Sesunit sang ein wenig vor sich hin und sah in den Himmel. Sie hatte emsig die Sprache gelernt, die Sprache der Frankfurter, sie sang leise ein Lied in Deutsch, aber niemand hörte sie. Doch das störte sie nicht.

Aber sie war sehr enttäuscht. Diese Stadt war heute so leise, außer dem Straßenlärm war nichts zu vernehmen. Sollte denn die Nacht in Frankfurt wirklich so leise sein?

»Bist du auch so einsam?« Das fragte auf einmal jemand neben Sesunit. Sie erschrak, denn sie sah niemanden.

»Ich bin ein Gast dieser Stadt«, sagte Sesunit in die Nacht hinein. Wenn sie doch nachts so gut sehen konnte, warum konnte sie nun niemanden sehen, der zu ihr sprach?

»Ich gehöre auch nicht hier her.«

Wieder war da die Stimme. Niemand war hier, sie sah sich um, niemand war da.

»Warum bist du in der Nacht wach, da schlafen doch immer alle.«

Schon wieder diese Stimme! Sesunit beschloss, einfach zu sprechen, vielleicht sah sie dann diese Stimme.

»Ich komme von weit her, ich wollte nach Frankfurt am Main.«

„Warum bist du dann nicht dort hingereist?« Die Stimme vibrierte etwas.

»Ich bin doch in Frankfurt, oder nicht?«

»Ich lebe mein ganzes Leben in Frankfurt, aber hier war ich noch nie, das kann nicht Frankfurt sein.«

Sesunit hörte fasziniert dieser Stimme zu. Doch sie war sich so sicher, dass sie in Frankfurt war. Ihr dröhnte ja immer noch der Kopf vom Hammering Man. Das war todsicher Frankfurt.

»Ich bin mir sicher, dass hier Frankfurt ist.«

»Frankfurt muss groß sein.« Die Stimme sinnierte vor sich hin, sie schien gar nicht mit ihr zu sprechen.

»Wo lebst du denn sonst?« Die Stimme ließ nicht locker.

»Weit, weit weg«, entgegnete Sesunit ausweichend. Man kann nicht einfach sagen, dass man nicht von der Erde kommt, nicht mal aus der Milchstraße, nicht mal aus der Galaxie. Aber wieso sprach hier eine Stimme und niemand war zu sehen, das war doch gar nicht typisch für diese Ecke der Milchstraße.

Sesunit war verunsichert. Gab es in irgendeiner anderen Galaxie auch einen Hammering Man am Messegelände und gab es in dieser Nähe eine Kreuzkapelle?

»Warum schweigst du?« Die Stimme brachte sich wieder in Erinnerung. »Wo bist du?«

Sesunit fragte etwas ungehalten zurück. »Bist du blind?«

»Nein, aber ich sehe dich nicht.«

»Hinter dir, dreh' dich um.«

Sesunit drehte sich um, sah niemanden.

Frankfurt war eine unheimliche Stadt. So unheimlich war bisher noch kein Ort in der Galaxie gewesen. Sesunit drehte sich noch dreimal um und gab dann auf.

»Hier bin ich doch.«

»Wo?«

»Sieh nach unten!«

Sesunit sah auf den Boden und entdeckte etwas kleines Schwarzes. Etwas Kleines, das schrille Augen hatte, verwegen, verwunschen, mystisch, unheimlich. Gleich würden Blitze aus dem Himmel brechen, denn das Kleine, Unheimliche hatte sich gerade auf die Bank neben der Kirche am Beethovenplatz gesetzt, hatte den Kopf gehoben, sah magisch gegen den Himmel und riss den Mund weit auf. Es war grausig, was hier zu sehen war, einen Schlund, einen Rachen, wie gefährlicher und unheimlicher Sesunit noch nie etwas gesehen hatte. Doch sie hatte dieses Wesen schon einmal gesehen. Es war ein Wesen, das es in ihrer Welt nicht gab. Dieser Rachen des Schreckens, den ein Gähnen freigegeben hatte, gehörte der Unheimlichkeit neben Sesunit. Es war eine Katze.

Doch, wer hatte gesprochen? Die Katze begann sich zu putzen.

»Jetzt weiß ich es wieder, ich lebe mein ganzes Leben in Schwanheim, das ist aber auch Frankfurt.«

Schon wieder die Stimme!

»Ich bin aus Versehen in ein Auto gestiegen, da roch es so gut nach Essen, da fuhr dieses Auto los und hier in der Nähe bin ich aus dem Fenster gesprungen, das ging auf einmal einfach auf. Hier ist nie und nimmer Frankfurt!«

Die Stimme legte auf einmal los und wollte gar nicht mehr still sein.

Sesunit streichelte nun die Katze, die zu schnurren begann. »Was du sagst, glaubt doch noch nicht einmal diese Katze hier«, sprach Sesunit in die Nacht hinein und die Katze sprang ihr in die Arme.

»Ich lüge nicht, ich bin eine Katze und Katzen lügen nicht, merke dir das, egal, woher du kommst.«

Das Schnurren war zum Fauchen geworden, die Katze bewegte die Lippen und da war die Stimme genau vor Sesunits Gesicht.

Sesunit erschrak und stieß einen Schrei aus. Die schwarze Katze sprang ihr vom Arm und war beleidigt. Alles Entschuldigen half nichts, die Katze schien sie nicht mehr zu hören, sie saß da, einige Meter von Sesunit entfernt, und murrte vor sich hin.

»Ich wusste nicht, dass auf diesem Planeten Katzen sprechen, entschuldige bitte.« Und Sesunit dachte bei sich: ›Katzen können nicht sprechen!‹

»Katzen können nicht sprechen, da hast du recht. Kein Mensch kann uns verstehen, aber du bist nicht von dieser Welt, du kannst mich hören, denn wir sprechen alle Sprachen, so auch die der Menschen, doch die können uns nicht verstehen.«

Lange schwiegen die Beiden. Dann wurde es Sesunit kalt.

»Was klappert denn da so sehr?«

Die Katze sah sich fragend um.
»Das sind meine Zähne, ich friere, ich friere schrecklich. Du bist eine Katze, du frierst nicht«, antwortete Sesunit schwer atmend.
Die Katze streckte sich und meinte nun belehrend: »Katzen frieren, lass dir das gesagt sein.«
Wieder schwiegen die Beiden. Sesunit sah in den kleinen schwarzen Bildschirm in ihrer Hand und sie nahm die Katze, rechnete kurz halblaut mithilfe einer Formel, und beide schwebten los.

Erst hörte man nichts, nachdem Sesunit ihre Füße auf die Erde gesetzt hatte, dann gab es einen dumpfen Plumps und die Katze quetschte zwischen ihren spitzen Zähnen hervor: »Mir ist schlecht.«
»Das vergeht gleich wieder, dein Gleichgewichtsorgan ist gleich wieder in Ordnung.«
Die Katze aber war froh, dass sie schon einige Zeit nichts mehr gegessen hatte. Ihr war einfach nur übel. Was war denn jetzt geschehen? Weshalb musste sie denn auch noch Achterbahn fahren bei diesem kalten Winterwetter?
Sesunit versuchte aufzustehen und es gelang ihr nicht. Sie war beim Berühren des Bodens ausgerutscht; auf diesem weißen schrillen gefrorenen Nass. Eine Beule am Kopf und blaue Flecken andernorts am Körper. Diese Erde war anstrengend und das Dasein auf ihr war gefährlich, es hatte noch niemand überlebt.
Oder warum gibt es auf diesem Planeten so viele Friedhöfe?

In ihre Gedanken hinein ging es der Katze langsam wieder gut. Da schlug eine Kirchturmuhr und die Katze wusste schlagartig, sie war zurück in Schwanheim. Jetzt war sie es, die Sesunit den Weg zeigte. Die Katze rannte vor Sesunit her und diese hatte kaum den Atem, hinter ihr herzulaufen.

»Warte doch mal!«, keuchte sie hinter der Katze her, »Warum rennst du denn so, vor allem, wohin willst du denn?«

Die Katze aber rannte immer weiter. Wieso waren sie auch am anderen Ende von Schwanheim angekommen? Der Zoo lag doch ganz dort hinten.

Sesunit war außer Atem, als die Katze ihr Florian vorstellte.

»Willkommen bei uns im Kobelt-Zoo.«

Eine angenehme Stimme sprach zu Sesunit und wieder sah sie eigentlich niemanden. Die Stimme musste der Gans gehören.

»Kobelt-Zoo?«, fragte Sesunit verunsichert nach. Wohin hatte denn die Katze sie gebracht? Hier war so viel Schnee wie in Bad Camberg, es war bitterkalt. Sie klapperte wieder mit den Zähnen.

Florian lud sie ein in das Exotarium, dort war es angenehm warm. Doch als sich Sesunit erholte und es ihr wärmer wurde, entdeckte sie ein Tier, das es doch eigentlich nur in den Märchen und Sagen geben sollte. Sie sah dieses Tier fasziniert an und das Tier nickte ihr zu.

Die Katze erklärte Sesunit, dass dieser Drache nur ein kleiner Leguan sei, der habe Geburtstag und es sei heute die längste Nacht, denn es war der 21. Dezember, und der Leguan wollte feiern, aber sie hatten kein Essen, keine Musik, der kleine Zoo wurde von vielen Menschen versorgt, doch denen blieben einige Geheimnisse der Tiere verborgen, die alles verstanden, die kleine Philosophen waren und nun den Geburtstag des Leguan feiern wollten. Sesunit erfuhr, dass der Leguan seinen hundertsten Geburtstag hatte.

»Den feiert er jedes Jahr, seinen Hundertsten«, warf Florian klärend ein.

Da gab es plötzlich einen ohrenbetäubenden Knall, hinein in den Himmel am 21. Dezember in Schwanheim. Sesunit hielt sich die Ohren zu, denn sie hörte alles viel lauter als die Menschen auf der Erde.

»Die Straße ist gefährlich.« Florian warf dies ein, mehr zu sich hatte er gesprochen, aber Sesunit rannte zur Straße und sah, dass ein Auto ein großes Tier angefahren hatte, das Tier war in den Straßengraben geschleudert worden und lag dort stöhnend.

Die Katze war mit Sesunit zu dem verletzten Tier gelaufen und schüttelte den Kopf, immer wieder diese Unfälle und der Autofahrer war natürlich weg.

»Ist das da tot?«, fragte die Katze besorgt.

Florian und der kleine Leguan waren inzwischen auch an den Straßenrand gekommen, der Leguan saß neben der Katze und zitterte vor Kälte. Sesunit nahm den Leguan hoch, er hatte eine ganz kalte Haut. Sie steckte ihn unter ihren Mantel, der Leguan nieste dreimal und die Katze meinte: »Ist der allergisch gegen Außerirdische?« Sesunit machte: »Pst!«, und die Katze zuckte mit den Ohren.

»Wir müssen dem da helfen.« Florian war entschlossen. Er und die Katze erkannten jetzt, dass es ein Reh war, das blutend dalag und vor Schmerzen zuckte.

»Es wird erfrieren«, sagte die Katze und leckte dem Reh die Wunden. Aber Sesunit zog die Katze weg.

»Das Reh ist groß, ich kann es hier nicht wegtragen.« Sesunit war traurig und sah keinen Ausweg, das kannte sie gar nicht aus ihrer Welt, aber auf der Erde lernte sie ein Empfinden kennen, das es in ihrer Welt nicht gab, die Verzweiflung, und die andere neue Empfindung war diese Kälte.

»Tim, der Tierpfleger ist unser Freund, der kann das Reh heben, Tim ist sehr groß und stark«, überlegte Florian laut.

Die Katze wusste, wo Tim wohnte und rannte so schnell sie konnte. Aber Tim war nicht zu Hause. So kam die Katze mit hängenden Ohren enttäuscht zurück.

Sesunit nahm all ihre Kraft zusammen und zog das Reh aus dem Graben. Es sah entsetzlich aus, es blutete aus sieben Wunden und sein Herz war schwach.

Später dann im Zoo, im Exotarium, brach Sesunit zusammen, das passierte ihr immer, wenn sie ihre Heilkräfte einsetze, aber dieses Mal kam hinzu, dass sie nicht zu Hause war, sie war auf diesem fernen Planeten, auf dem Schnee und Eis herrschten. Dem Reh ging es danach wieder gut, es verschwand im Wald. Und der hundertste Geburtstag des Leguans musste dieses Jahr erst einmal ausfallen.

Am nächsten Tag, der Morgen graute, fanden Tim und seine Kollegen im Exotarium das ohnmächtige Mädchen, sie konnten sich nicht erklären, wie sie dahin gekommen war, gestern hatten sie doch niemanden hier gesehen, außerdem war der Schwanheimer Zoo im Winter für Besucher geschlossen. Wie kam denn hier eine Besucherin herein? Wieder würde der Kobelt-Zoo in der Zeitung stehen, wieder einmal wegen eines traurigen Anlasses, ein ohnmächtiges Mädchen, dessen Herz kaum noch schlug. Erst vor Kurzem war der Zoo in den Schlagzeilen gewesen, da hatte es gebrannt und über hundert Tiere waren in den Flammen umgekommen. Warum lag denn so ein dunkler Schatten über diesem liebenswerten Zoo?

Die Notärzte kamen, der Rettungswagen fuhr auf das Gelände des Zoos. Der Leguan regte sich so auf, dass er eine Beruhigungsspritze bekommen musste. Die Notärzte meinten, ein Reptil hätten sie noch nie behandelt. Sesunit wurde in den Rettungswagen gehoben.

Die Katze und Florian fuhren heimlich mit. Hinten im Wagen, versteckt, und es wurde Florian ganz schwummerig. Mit einem Mal zuckten Blitze durch die Nacht, hell war der Himmel über Frankfurt erleuchtet, ein Gewitter am zweiundzwanzigsten

Dezember, es begann zu regnen. Als der Rettungswagen kam, rutschte er quer über die Straße und alles Gegenlenken und vorsichtiges Bremsen nutzte nichts, der Rettungswagen schrammte an drei Bäumen am Straßenrand vorbei, drehte sich noch einmal, dann krachte es entsetzlich und der Fahrer fiel gegen die Hupe, die schrecklich zu tuten begann.

Die Polizei murrte, weil sie diesen Einsatz so kurz vor Weihnachten fahren musste. Ein Rettungswagen krachte bei Glatteis gegen die Friedhofsmauer. Das war doch irgendwie makaber, oder?

Und so ging der Tag auch weiter. Im Krankenwagen war die Patientin weg, als die Ärzte und die Polizisten in das Wageninnere schauten. Und dann kamen ihnen plötzlich eine Gans und eine Katze entgegen, die Gans ritt auf der Katze, die mit runden Beinen ächzend davonschlich. Bevor aber irgendeiner auf die Idee kommen konnte, die Tiere einzufangen, waren sie um die Ecke verschwunden.

Alle standen da und sagten nichts. Was hätten sie auch sagen sollen? ›Das kann sich nur um die versteckte Kamera handeln‹, vielleicht oder ›Das glaubt uns kein Mensch‹. Aber sie schwiegen lieber. Doch wo die Patientin abgeblieben war, das war und blieb ein Rätsel.

In der Haut der Rettungsärzte wollten die Katze und Florian nicht stecken. Die Beiden hetzten Sesunit hinterher.

»Wohin will sie denn?« Florian konnte das alles nicht logisch einordnen. Und wie logisch Gänse denken konnten, das hatte er schon oft bewiesen, er war ja der Chef im Zoo und regelte vieles, was die Menschen nicht schafften.

»Warte doch mal! Renn' doch nicht so, wir sind kleine Tiere und keine Antilopen.« Florian maulte Sesunit an. Die Katze schnaufte nur schwer. Atemlos meinte sie: »Du musst gerade meckern, wer wird denn getragen? Was soll ich denn da sagen?«

Florian, die weiße Gans, wurde ganz rot im Gesicht und versuchte abzulenken. Doch da sahen sie den Eingang des Zoos.

Die Katze war fix und fertig, dieses Glatteis war ein Fluch, sie war so oft ausgerutscht, dass sie jeden Knochen im Leib spürte, gut, dass sie neun Leben hatte, eben hatte sie bestimmt mindestens eins verbraucht.

Sesunit kam mit vier schweren Taschen. Woher sie die Taschen voller Essen hatte, hat sie nie verraten. So wie es immer ein Geheimnis blieb, wohin sie nach der Geburtstagsfeier des Leguans verschwunden war.

Gefeiert hatten die Tiere im Exotarium und die Katze hatte sich bald wieder erholt. Sie glaubte, dass hinter den Hecken, die das Gelände des Zoos umgaben, das Reh gestanden hatte, aber sie konnte sich auch getäuscht haben. Wer immer da gestanden haben mag, war sicherlich wegen des Gesanges von Sesunit gekommen, denn dieses Jahr war der hundertste Geburtstag vom Leguan mit Musik gefeiert werden.

Noch einmal wollte Sesunit die Kirche sehen, die wie ein Kreuz gebaut war. Sie sah durch das Schlüsselloch des monumentalen Gebäudes und konnte einen Teil des Inneren sehen. Warum war diese Kirche nicht berühmt? In ihrer Welt zumindest, so wusste Sesunit jedenfalls, war diese Kirche unbekannt.

Es war bitterkalt an diesem Tag in Bad Camberg. Sesunit fasste in den Schnee und ließ ihn in ihrer Hand schmelzen. Sie nahm Abschied von dieser Welt. Sie wollte wieder nach Hause. Doch sie würde wiederkommen, diese Kreuzkapelle wollte sie wieder sehen und dieses Frankfurt wirklich erleben, nicht im Schnee, nicht im Winter, sie würde das nächste Mal den Eisernen Steg

suchen, die berühmte Brücke über den Main. Dann würde sie länger bleiben.
Sie würde dann eine alte Dame treffen, mit der sie Geheimnisse in Frankfurt lösen würde, das wusste sie, sie würde sich in einen Studenten verlieben. Sie würde weinen lernen und lernen, was Humor ist.

Dann entschwand sie und hinterließ Spuren im Schnee, die am nächsten Morgen noch nicht zugeschneit waren, doch niemand ahnte, dass es Spuren einer jungen Frau aus einem fernen Weltall waren.

Bad Camberg wird nie etwas ahnen von Sesunit, doch Frankfurt wird sie erleben wie das Unheimliche einer verborgenen Zeit und die Katze, Florian und der Leguan werden sich freuen, wenn sie sie wiedersehen.

Über die Autorin dieser Kurzgeschichte

Petra Anita Gottschallk wurde 1960 in Königstein im Taunus geboren, studierte Germanistik, Philosophie, politische Wissenschaften und Religionswissenschaften in Frankfurt am Main an der Johann-Wolfgang-Goethe-Universität, hat drei Berufe, sie ist Lektorin, Integrationslehrerin und Floristin. Im Januar 2012 brachte sie mit einem Co-Autor das Buch »Zeitreisen von Tom und Lilly« heraus.

Weihnachtsland

aus „Dem Himmel so nah“ von Renate Roos

☆☆☆

Weiße Flocken fallen aus den Wolken,
die Schneekönigin ist wieder da.
Sie schenkt uns ihre weiße Pracht,
genauso wie im letzten Jahr.

Der See ist auch schon zugefroren,
und glitzert aus der Ferne.
Der Himmel ist klar und wolkenfrei,
es leuchten tausend Sterne.

Mit meinem Papa geh’ ich hinaus,
bringe Futter den Vögeln im Wald,
damit sie nicht verhungern müssen,
bestimmt ist auch ihnen sehr kalt.

Der Wald ist wie ein Zauberland,
alles ist weiß, wohin ich seh’,
die Tannen haben Mützen auf,
Mützchen aus flauschigem Schnee.

Mit dem Schlitten fahren wir,
durch verschneite Felder und Wiesen,
es ist so schön, warm eingepackt,
die weiße Pracht zu genießen.

Der Himmel ist rot eingefärbt,
ob die Englein Plätzchen backen,
und für den heiligen Abend schon,
dem Christkind die Geschenke packen?

Ich bin schon richtig aufgeregt,
was das Christkind mir wohl bringt?
Ich wünsche mir eine Puppe,
die „Mama“ sagt und Lieder singt.

Am Abend geh’ ich müde zu Bett,
ein Englein nimmt mich an der Hand,
führt mich in meinen Träumen
durchs wunderschöne Weihnachtsland.

Am Tor des Himmels Petrus steht,
er lässt uns beide ein,
und sagt, dass ich mal schauen darf,
doch müssen wir ganz leise sein.

Dort steht in hellem Lichterglanz
ein wunderschöner Weihnachtsbaum,
er ist so herrlich anzusehen,
ich traue meinen Augen kaum.

Und Englein eilen hin und her,
sie haben mächtig viel zu tun,
bald ist der Weihnachtsabend da,
es bleibt keine Zeit zu ruh’n.

Schaukelpferde, Puppenwagen,
so viel Schönes gibt’s zu sehen,
das Weihnachtsland ist wunderbar,
ich möcht’ am liebsten nie mehr gehen.

Dann wache ich am Morgen auf,
der Traum, er war so wunderschön,
nur eines hätt’ ich mir gewünscht,
hätt’ gern das Christkind noch geseh’n.

Der Zauber dieser Weihnachtszeit,
hüllt uns in Kinderträume ein,
Erinnerung ist ein Geschenk,
es ist so schön ein Kind zu sein.

Über die Autorin dieser Gedichte

Renate Roos ist der Autorenname von Renate Fachinger.
Sie wurde 1954 geboren, wohnt in Brechen-Niederbrechen, und schreibt seit einigen Jahren Gedichte.
In ihren Büchern »Über allem steht die Liebe«, »Licht und Schatten« und »Dem Himmel so nah« spannt sie einen weiten Bogen durch viele Lebensbereiche. Sie führt durch die Höhen und Tiefen eines Menschenlebens, setzt sich mit Ängsten und Trauer auseinander, erzählt von der Liebe, vom Glauben, von Hoffnung, von Vertrauen und Zuversicht und von Gefühlen, die das Leben schön machen.
Sie eröffnet in ihren Gedichten einen Blick auf die bunte Farbenwelt der Natur, mit ihren kleinen und großen Wundern, und erzählt vom phantastischen Reich der Träume und der schönen Gefühle, in dem noch Wünsche in Erfüllung gehen.
Es sind Gedichte mit Herz und Gefühl – Gedichte, die das Leben schreibt.

Email: renate.fachinger@t-online.de
Homepage: http://renate-roos-fachinger.jimdo.com/

Zauber der heiligen Nacht

☆☆☆

Mit leuchtenden Kinderaugen
wir in der Stube steh'n,
denn heute ist Heiligabend,
so feierlich und schön.

Ein Weihnachtsbaum im Lichterglanz,
so herrlich anzuseh'n,
und alle Jahre denke ich,
er war noch nie so wunderschön.

Geschmückt mit Kugeln und Sternen,
mit Lametta, so wunderbar,
und oben auf der Spitze sitzt
ein Engel mit goldenem Haar.

Wir singen voller Andacht
„Stille und heilige Nacht",
und ich spüre tief im Herzen,
wie ein Zauber in mir erwacht.

Der Zauber der göttlichen Liebe
bringt Frieden in die Welt,
bringt Hoffnung und Vertrauen,
vom weiten Himmelszelt.

Und wenn auch dich der Zauber
der heiligen Nacht berührt,
dann weißt du es ganz sicher,
du hast Gottes Liebe gespürt.

aus „Dem Himmel so nah" von Renate Roos

Die kleine Eisenbahn

Karlheinz Sellheim

☆☆☆

„Max, ein kleiner, zehnjähriger Junge, hatte sich das ganze Jahr über immer wieder die kleinen Eisenbahnen im Schaufenster des Spielwarenladens angeschaut.

Jedes Mal, wenn er mit seiner Mutter durch Bad Camberg ging, bat er sie, ihm eine der kleinen Lokomotiven zu kaufen.
Er hatte es so oft bei seinem Freund Thomas gesehen, der eine solche Eisenbahn vor zwei Jahren von seinen Eltern zu Weihnachten geschenkt bekommen hatte.
Die anderen Spielsachen lagen seither nur noch in den Schränken und wurden schon lange nicht mehr angeschaut.
Thomas hatte sehr oft damit gespielt und Max auch immer dazu eingeladen.

Immer machte er seiner Freude Luft, wenn das Gespräch darauf kam oder sie sich wieder einmal gegenseitig die schönen Erlebnisse vergangener Weihnachtstage erzählten.
Thomas konnte fast alles von seinen Eltern bekommen, was er sich wünschte. Nur Max musste immer sehr lange reden und bitten, um seine Weihnachtswünsche seiner Mutter beizubringen.

Auch diesmal, als sie wieder unterwegs waren, die schönen Auslagen des Schaufensters ansahen und Max´s Mutter seinen bittenden Blick sah, schüttelte sie nur leicht den Kopf. Max wusste, dass sie, seit Papa nicht mehr bei ihnen lebte, sehr auf das Geld achten musste.

Sie ging von früh bis spät arbeiten, aber es reichte sehr oft einfach nicht. Da mussten sicher auch dieses Jahr seine Wünsche zu Weihnachten zurückstehen.
Beide gingen dann auch bald wieder nach Hause.

Spät abends klingelte das Telefon, und als die Mutter ihrem Gesprächspartner zuhörte, sah Max sie zum ersten Mal nach langer Zeit wieder lächeln, sie schien auch Tränen in den Augen zu haben.

Als sie auflegte, sagte sie ihrem Sohn, dass Thomas ihn grüßen ließ. Er bedankte sich und ging auf sein Zimmer. Beim Einschlafen wurde Max dieser Gruß erst wieder bewusst. Was hatte seine Mutter mit Thomas zu tun? So sehr er auch darüber nachdachte, er kam zu keiner Antwort. Darüber schlief er ein.

Am nächsten Tag schaute Max gewohnheitsmäßig auf den Kalender und er zeigte, dass es noch zwei Tage bis Weihnachten war. Trotz der finanziellen Situation gab sich seine Mutter immer große Mühe, ihnen die Weihnachtstage so schön wie möglich zu machen. Es gab immer sehr gutes Essen und auch ein kleines Geschenk lag immer unter dem Weihnachtsbaum.

Da jetzt Ferien waren, traf Max sich schon am Vormittag mit Thomas. Sie gingen auf einen Spielplatz, den man auch zu Weihnachten schön geschmückt hatte. Auf dem Weg zum Spielplatz hatte Max das Gefühl, als ob sein Freund ihm etwas sagen wollte, aber sich nicht sicher war. Jetzt fiel ihm das abendliche Telefongespräch seiner Mutter wieder ein, er sagte oder fragte aber nicht.

Als beide dann zu Thomas gingen, sah auch seine Mutter Max irgendwie anders an als sonst. Er senkte den Blick, weil er annahm, sie hatte Mitleid mit ihm, weil sie von den Geldsorgen wusste und das Max´s Weihnachtsgeschenk auch dieses Jahr wieder etwas kleiner ausfallen würde.

Die letzten zwei Tage vergingen sehr schnell, und als Max an diesem Morgen auf den Kalender schaute, zeigte er den 24.12., Heiligabend. Heute war also Weihnachten.

Die Mutter begrüßte Max am Frühstückstisch und sie überlegten, was sie wohl heute noch so machen könnten. Sonst gingen beide an diesem Tag nie weg, aber dieses Jahr drängelte sie regelrecht, noch einmal in die Stadt zu gehen. Max hoffte auf ein Wunder in Form einer Eisenbahn und sagte mit freudigen Augen ja. Zu seiner Überraschung gingen sie aber einen ganz anderen Weg. Lange liefen Max und seine Mutter scheinbar ziellos durch die Straßen, und gegen Mittag kamen sie wieder zu Hause an, ohne dass beide groß miteinander gesprochen hatten. Immer wenn Max zu seiner Mutter aufsah, machte sie trotz allem ein lachendes Gesicht. Max kam die Sache komisch vor, aber er war mit seinen Gedanken ganz woanders.

Als Max nach dem Händewaschen in sein Zimmer gehen wollte, hielt ihn seine Mutter davon ab. Er sollte ihr beim Kochen helfen. Nach dem Essen klingelte wieder das Telefon und Max´s Mutter rief ihn zu sich, weil Thomas am anderen Ende war, der ihn fragte, was er für ein Weihnachtsgeschenk bekommen hätte. Da Max noch keins hatte, sagte er das zu ihm, und Thomas bat seinen Freund, in seinem Zimmer nachzuschauen. Max legte den Hörer beiseite und öffnete seine Zimmertür. Dort lag auf seinem Bett eine riesengroße Kiste, auf der ein Bild von einer Lokomotive zu sehen war. Als er wieder zum Telefon wollte, lief er seiner Mutter in die Arme. Beide umarmten sich und Freudentränen liefen ihnen über die Wangen."

Nachdem der Vater seinem Sohn Christian diese Gute-Nacht-Geschichte erzählt hatte, war dieser sofort eingeschlafen. Der Vater aber blieb noch eine ganze Weile am Bett seines Sohnes sitzen, um über sein eigenes Leben nachzudenken.

Gerade einmal 37 Jahre alt geworden, hatte er schon so einiges erlebt. Als Scheidungskind aufgewachsen, war er in der Schule nur mittelprächtig. Es dauerte lange, bis er eine Lehrstelle als Schlosser bekam. Nach der Lehre wurde er nicht übernommen

und war fast drei Jahre arbeitslos.
Er drohte ganz langsam abzurutschen und sprach ein ums andere Mal dem Alkohol zu. Oft auch in Mengen, die seine depressive Einstellung förderte und alles andere als hilfreich war.

Seine damaligen Freunde Axel, Peter und Michael waren ebenfalls auf dem besten Wege Versager zu werden. Vielleicht sind sie es ja auch geworden. Der Kontakt ist heute völlig abgerissen. Bei den Dreien waren Ladendiebstähle oder der Diebstahl von Autoradios fast an der Tagesordnung. Auch mit leichten Drogen hatten sie Erfahrung, und dem Alkohol sprachen sie mindestens genauso zu, wie er selbst. Durch sie hatte er sogar Erfahrungen mit der Polizei sammeln müssen.
Auch sie waren arbeitslos. Nur bei seinen sogenannten Freunden bemerkte er keinen Frust. Im Gegenteil, er hatte den Eindruck, sie würden es förmlich genießen.
Warum es ihn nicht auch schon eher in diesen Abgrund gezogen hatte, wusste er nicht mehr. Zum letzten Absturz kam es bei ihm „Gott sei Dank" nicht.
Er hatte es immer geschafft, wenn auch sehr oft mit Ausreden, nicht mit ihnen zu gehen und letztendlich mit ihnen „abzuhängen", wie man heute so schön sagt.

So manches Mal hatte er sich nach den Weihnachten mit seiner Mutter gesehnt. Auf der anderen Seite aber ließ er sich von seiner Mutter nicht mehr helfen. Er war ja schon so erwachsen und damals sicher, es alleine zu schaffen.

Seine Mutter war immer für ihn da gewesen, und nun, mit fast 23 Jahren, sollte er immer noch auf sie angewiesen sein? Niemals! Hätte er damals nicht seine heutige Frau Katrin kennengelernt, oder besser gesagt, sie hatte ihn kennengelernt, er wäre bestimmt früher oder später auf der Straße gelandet.
Er hatte Bad Camberg nie verlassen, aber diese junge Frau hatte er zuvor noch nie hier gesehen.

Ob sie zugezogen oder aber nur zu Besuch hier war? Er konnte sich keinen Reim auf sie machen. Später erfuhr er, dass Teile ihrer Verwandtschaft nach Bad Camberg gezogen waren und deshalb kam sie nun immer öfter zu Besuch.

Schon als er sie zum ersten Mal sah, wusste er, dass sich in seinem Leben grundlegend etwas ändern musste.

Wollte er diese Frau für sich gewinnen, musste er an sich arbeiten. Wie kam sie aber ausgerechnet in seine Stammkneipe?

Er hatte ohne weiter nachzudenken sein Bier zur Seite geschoben und sie beobachtet, als sie plötzlich an seinen Tisch kam. In diesem Augenblick wollte er sich nicht mehr zu fein sein, auch einmal jemanden um Hilfe zu bitten.

Er wollte niemals mehr zu egoistisch sein, auch einmal eigene Fehler zuzugeben. Das war die Frau, die sein Leben zum Positiven verändern würde, und er war im Moment ihrer ersten Begegnung bereit dazu.

Nun ist er seit zwölf Jahren glücklich verheiratet. Nein, sogar sehr glücklich!

Er rappelte sich damals auf, nahm einen Job im Lager einer Verpackungsfirma bei Limburg an der Lahn auf, und war bereit, jede Überstunde mitzunehmen, die er bekommen konnte.

Der Lohn war aber eher mäßig. Da Katrin seit einiger Zeit wieder mitverdiente, wenn auch „nur“ als 400-Euro-Kraft, kamen sie nun doch einigermaßen vernünftig über die Runden.

In seiner Kindheit musste er auf vieles verzichten.

Seine Mutter hatte sich nach der Scheidung zwar aufopferungsvoll um ihn gekümmert, aber sie musste gleichzeitig sehr viel arbeiten, um sie beide durchzubringen. Deshalb war er sehr früh schon auf sich selbst gestellt. Die Mutter hatte ihm immer gezeigt, dass sie ihn über alles liebte, jedoch ein wenig mehr Zeit für ihn hatte er sich oft gewünscht.

Eins stand aber schon damals fest. Wenn er einmal selbst Kinder haben würde, sollte es ihnen besser gehen.
In seinen Gedanken schwang ein wenig Stolz mit. Stolz auf das, was er aus seinem Leben doch noch gemacht hat.
Er hatte Arbeit, eine sehr liebe Ehefrau, einen zehnjährigen Sohn und ein kleines Auto.
Die Dreizimmerwohnung war, trotz ihrer begrenzten finanziellen Mittel, geschmackvoll eingerichtet, was ein Verdienst seiner Frau war, die es verstand, mit wenig Geld viel zu erreichen.

Morgen ist Weihnachten, deshalb hatte er diese Geschichte auch gerade seinem Sohn erzählt und er dachte dabei auch an die Weihnachten seiner Kindheit. Es gab nicht viele Geschenke, und wenn, dann waren es höchstens ein paar Kleinigkeiten. Seine Freunde hatten damals schon Fahrräder oder andere tolle Sachen bekommen.
Er wollte aber nicht undankbar sein. Seine Mutter hat alles Erdenkliche getan, um ihm auch immer schöne Weihnachten zu gestalten.

Vor zwei Jahren ist sie leider gestorben. Dass er eine eigene, intakte Familie hatte, gab ihm zu der Zeit Kraft und Rückhalt.
Seine Mutter war die letzten Monate vor ihrem Tod sehr krank gewesen und im Nachhinein musste er sich eingestehen, dass er sich in dieser Zeit nicht so um sie gekümmert hat wie sie es verdient gehabt hätte. Aber seine Familie brauchte ihn auch und er musste schließlich viel und hart arbeiten. Da blieb nicht mehr viel Zeit übrig.
Nachdenklich betrachtete er seinen schlafenden Sohn.
»Ich will dir immer ein guter Vater sein«, flüsterte er leise vor sich hin und er fragte sich, was wohl aus seinem eigenen Vater geworden ist?

Nach der Scheidung der Eltern hatte er nie wieder etwas von ihm gehört. Auch seine Mutter sprach nie mehr von ihm.
Seinen Fragen ist sie stets ausgewichen, so, als wäre sie froh, nichts mehr mit ihm zu tun haben zu müssen. Für ihn hatte sich die Sache irgendwann ebenfalls erledigt. Auch wenn das Leben als Alleinerziehende alles andere als leicht für sie war.
Sein eigener Vater wollte von ihm nichts wissen. Eine Situation, die ihm beim Anblick seines eigenen Sohnes unvorstellbar vorkam und ihm im Innersten einen Stich versetzte. Wie kann man sein eigenes Kind aus den Augen und den Gedanken verbannen?

Seine eigenen Gedanken verschwammen und ihm fielen die Augen zu. Er schlief ebenfalls ein.

Wie lange er schon im Sessel neben seinem Sohn eingenickt war, konnte er nicht sagen. Er spürte aber, dass er beobachtet wurde und erwachte über diesem Gefühl.

Seine Katrin stand neben ihm und lächelte zärtlich. »Was machst du«, fragte sie. »Komm runter, ich will dir noch etwas zeigen«, fuhr sie fort.

Er erwiderte das Lächeln und beim Aufstehen versetzte er seiner Frau einen zärtlichen Klaps.

»Na, na, na«, raunte sie ihn gespielt empört an. »Wenn unser Sohn mitbekommt, dass der eigene Vater seine Frau schlägt.« Augenzwinkernd schüttelte sie den Kopf.

Im Wohnzimmer angekommen, sah er das liebevoll eingepackte Weihnachtsgeschenk für Christian.
Katrin hatte ein Händchen für solche Feinheiten, obwohl wahrscheinlich auch sie wusste, dass das Geschenkpapier nicht lange überleben würde, bekam Christian die große Schachtel erst einmal in die Finger!

Ein Starter-Set einer elektrischen Eisenbahn.

»Die wünscht er sich doch schon so lange«, sagte Katrin.

»Ich weiß«, antwortete er nachdenklich, aber trotzdem sehr froh, »ich weiß.«

Beide setzten sich an den Wohnzimmertisch und Katrin legte ihre Arme um ihn, ein schönes Gefühl.

Eine ganze Weile hatten sie nur so da gesessen, die traute Zweisamkeit genossen, und sahen sich an.

»Max«, sagte Katrin plötzlich ernst in die Stille, »Du bist ein toller Ehemann und ein guter Vater. Lass` uns für heute Schluss machen und zu Bett gehen. Morgen ist Heiligabend. Es wird bestimmt ein sehr schöner Tag.«

»Solange wir drei zusammen sind, wird es immer wundervoll sein«, sagte er und gab ihr einen innigen Kuss.

Über den Autor der Kurzgeschichte

Karlheinz Sellheim ist 1958 im Oberhessischen Stockheim geboren.
Als er fünf Jahre alt war, zogen seine Eltern mit ihm nach Frankfurt am Main und hier ging er zur Schule und machte nach der mittleren Reife auch eine Lehre als Feinmechaniker.
In Bad Camberg lebt er seit ca. 20 Jahren und arbeitet als Beamter in der dortigen Stadtverwaltung.
Sellheim hatte im Mai 2010 Silberhochzeit. Er hat eine erwachsene Tochter, die inzwischen ebenfalls verheiratet ist.
Mit Autorenkollegen aus Bad Camberg gründete er im Sommer 2009 das »Camberger Lesecafé.« In der Jugendarbeit wurde 2010/2011 bereits ein Schreibwettbewerb von ihm betreut, an dessen Ende die Siegergeschichten in einem »richtigen« Buch mit dem Titel »Wie das Leben so spielen kann!« erschienen sind.
Zu schreiben begann er 2000 und veröffentlichte inzwischen drei Bücher.
Mit mehreren Autoren aus Bad Camberg und der Umgebung, zw. Idstein und dem Westerwald, hat er am 01.10.2011 den gemeinnützigen Literaturverein »Autorentreff Bad Camberg e.V.« gegründet, in den auch das »Camberger Lesecafé« überging.

Kontakt: karlheinz.sellheim@web.de

Der Christen Nacht!

☆☆☆

Im Lichterglanz die Fenster strahlen,
alles ist nun schön und hell.
Kinder freu' n sich auf die Gaben,
ein Glöckchen läutet silberhell.

Wohlig warm sind nun die Stuben,
der Menschen Herz wird weich.
Kinder nach dem Christkind rufen,
der Christen Nacht kommt gleich.

Vergessen ist nun Angst und Not,
Gottes Segen kommt hernieder.
Wir bitten um des Nächsten Brot,
gerne singen frohe Lieder.

Wenn alle Wünsche sind bedacht,
speisen wir im Glanz der Augen.
Ein gutes Essen ist gemacht,
gerne danken Gott im Glauben.

Jetzt Still' und Ruhe uns erfasst,
Verzeihen wir dem Andern schenken.
Der Herr uns Frieden hat gebracht,
er wird uns're Schritte lenken.

Rodelglück!

☆☆☆

Tief verschneit sind Wald und Flur,
des Eises glitzern uns erfreut.
Im Winterschlaf ist die Natur,
mit tausend Sternen ist bestreut.

Das weiße Tuch die Erde deckt,
versteckt ist Erd' und Laub.
Eiseskälte uns nicht schreckt,
ein Schneemann wird gebaut.

Kinder jauchzen voller Glück,
jetzt kommt der Schlitten raus.
Rodeln dann mit viel Geschick,
den Hügel runter mit Gebraus'.

Kalte Füße, rote Wangen,
es geht bis in die Nacht.
Erst spät wird heimgegangen,
wie hat Rodeln Spaß gemacht.

Jetzt sitzen wir bei Tee und Keksen,
die Füße werden langsam warm.
Dicke Strümpfe sind das Beste,
Oma holt sich neues Garn.

Der Tag ist nun zu Ende,
müde gehn wir nun ins Bett.
Morgen Früh sind wir behende,
dann folgt neues Rodelglück.

Über die Autorin dieser Gedichte

Waltraud Schlimm, 1953 in Wiesbaden geboren, lebt seit 1984 in Bad Camberg. 2003 begann sie, Gedichte zu schreiben. Bevorzugte Themen sind Politik und Gesellschaft. Auch Gedichte über die Natur und das Miteinander sind für W. Schlimm beliebte Schreibthemen.
In diesem Jahr ist ihr Buch **»Meine Gedichte, nur für Dich«** erschienen und im Buchhandel erhältlich.

Leseproben finden Sie im Internet: www.waltraud-schlimm.de

Kann es sein, dass...?

Dagmar Sellheim

☆☆☆

Es war so kalt, Tanja zog den Kragen noch etwas höher. War es richtig, vom Land in die Stadt zu ziehen?, fragte sie sich. Aber, es kann nur richtig sein, rügte sie sich selbst.

Mensch Tanja, du liebst ihn doch! Es beginnt ein neues, aufregendes Leben.

Weihnachten stand vor der Tür und Tanja entschloss sich, noch einmal in diesen kleinen Laden in der Innenstadt zu gehen. Sie hatte ihn erst vor Kurzem entdeckt. Klein, gemütlich war er.
Jetzt, kurz vor den Feiertagen quoll das kleine Geschäft fast über vor kleinen Nettigkeiten. Grußkarten, kleine Basteleien, Souvenirs aus der Gegend und natürlich jede Menge Püppchen, Spielzeugautos im Miniformat, Bilder und Vieles mehr.

Tanja ging hinein. Es roch nach allem Möglichen. Räucherkerzen taten ihr Übriges. Auf dem Tresen standen kleine Weidenkörbchen für die Kundschaft bereit, in denen man seine Auswahl hineingeben konnte, um dann in Ruhe weiter zu stöbern.

Oh, alle schon unterwegs, dachte sie, als ein alter Mann in zerschlissener Kleidung und ausgetretenen Schuhen vor ihr stand und ihr direkt in die Augen sah. Wärme strahlte er aus, der arme Mann.

»Nehmen Sie ruhig den Korb«, rief die Verkäuferin laut. »Der will sich doch nur hier aufwärmen, der kauft doch sowieso nichts. Wovon denn auch«, rief sie bösartig durch den kleinen Laden. Aber sie hatte sich geirrt. Voll mit süßen kleinen Dingen war der kleine Korb. Liebevoll ausgesuchte Kleinigkeiten. Tanja erkannte, dass es wohl für kleine Jungen und Mädchen sein musste.

Der alte Mann bezahlte mit einem Berg Kleingeld, was die Verkäuferin nicht gerade netter machte.

Tanja tat der alte Mann leid. Sie fragte ihn, ob sie ihm helfen könne. Er nickte nur und fragte, ob er sich diesen kleinen Korb ausleihen dürfte, bis nach Weihnachten. Er habe kein Geld mehr und es würde in dem Korb schöner wirken als in einer Tüte. Nach kurzem Hin und Her kaufte Tanja diesen kleinen Korb und verließ mit dem alten Mann das Geschäft. Er bedankte sich bei ihr für die Hilfe sowie den Kauf des Korbes und ging zügig seinen Weg.

Tanja war nun richtig neugierig, eilig hatte er es auf einmal, und sie folgte ihm. Was sie dann sah, erschrak sie. Der alte Mann ging in einen Hinterhof und verschwand in einem schmutzigen, alleinstehenden Haus. Das Licht, das er anmachte, erhellte das Zimmer nur sehr spärlich.

Nachdenklich ging Tanja nach Hause.

Es war schon dunkel, als sie dort ankam. Markus, Tanja´s Verlobter war schon da. Sie begrüßten sich mit einem langen Kuss. Tanja erzählte Markus das Erlebte, und auch er war etwas traurig, dass es heute noch eine solche Armut geben muss. Doch dann sagte er etwas, das Tanja erschrecken ließ.

»Mensch Tanja, das ist doch bestimmt für Kinder, mein Gott.«

Tanja und Markus freuten sich auf ihr erstes gemeinsames Fest. Alles war vorbereitet. Geschenke, Weihnachtsbaum, Festessen, alles da. Viel zu viel, wie beide bemerkten.

Dann, am Morgen des Heiligen Abend waren beide sehr nachdenklich. Markus sprach es zuerst aus: »Du Schatz, ich muss immerzu an den alten Mann denken. Was wird mit ihm sein, sind da wirklich Kinder, und wenn ja, haben sie es dort warm?«

Tanja kämpfte mit den Tränen, denn auch sie musste immer wieder an diesen Tag denken. Sie hatte nur ein kleines Detail Markus nicht erzählt.
Als sie diesem alten Mann den Korb gab, und sie ihn einen kleinen Moment gemeinsam in der Hand hielten, hatte Tanja das Gefühl, dass der Korb schimmerte. Ja, und es wurde ganz warm in ihren Händen. Einbildung?, dachte Tanja.

Sie schmückte mit Vorfreude den Baum, dekorierte das Wohnzimmer mit Kerzen und Schmuck. Mit viel Geschick richtete sie das kleine Wohnzimmer festlich her.

Es schneite, und es wurde langsam dunkel. Von draußen klang das Geläut der Kirchenglocken in die kleine Wohnung des jungen Paares. Sie saßen zusammen am gedeckten Tisch und schauten sich an.

Wie auf Kommando standen sie auf, packten zusammen, was auch nur annähernd zu transportieren war. Sie waren sich stumm einig. Sie mussten in dieses alte Haus.

Dort angekommen verharrten sie einen Augenblick, um dann entschlossen an der Tür zu klopfen.

Der alte Mann öffnete die Tür und er schien überhaupt nicht überrascht zu sein. Nein, er hatte wohl auf sie gewartet. Die Beiden traten ein und was sie zu sehen bekamen trieb ihnen die Tränen vor Rührung in die Augen. Eine Schar Kinder allen Alters wuselten durch den kleinen Raum. Mit schmutzigen Gesichtern und zerrissener Kleidung schauten sie neugierig die Neuankömmlinge an.

»Jetzt werden wir gemeinsam Essen«, sagte der alte Mann.
Tanja sah sofort die kleinen Geschenke, die der Mann an jenem Tag in dem kleinen Laden gekauft hatte. Jedes der Kinder hatte eines. Stumm, aber doch glücklich, wurde gemeinsam das Mitgebrachte gegessen.

Danach spielten einige Kinder zusammen, andere kuschelten sich an die Erwachsenen. Einige lächelten, aber einige weinten auch still in sich hinein.

Plötzlich, ein jämmerliches Jaulen vor der Haustür. Der Alte öffnete diese und herein kam ein nasser, frierender, erbärmlich aussehender Hund.

Markus nahm in auf, trocknete ihn ab und streichelte ihn sanft.

Der alte Mann und die Kinder liefen umher, bis der Mann mit einem kleinen Schüsselchen wieder kam, in dem etwas zu fressen für den kleinen Hund war. Gierig verschlang der kleine Kerl den Inhalt, um dann erschöpft auf Markus´s Schoß einzuschlafen.

Markus flüsterte Tanja zu: »Merkst du das auch, nichts von dem, was hier ist, wird alle. Wo holt er das nur her?«

Tanja betrachtete sich jeden Winkel des Raumes, aber eine Erklärung für dieses Geschehen fand sie nicht. Dann sah sie auf einer Kommode dieses kleine Weidenkörbchen stehen, das zart schimmerte. Sie schubste Markus an, und auch er bemerkte nun dieses besondere Leuchten des Korbes.

Und noch eine Besonderheit gab es. Die Kerze auf dem Tisch. Sie brannte schon seit einigen Stunden, aber sie wurde nicht kleiner.

»Was ist hier los?«, fragte sie Markus. Er aber zuckte nur mit den Schultern.

»Es ist Weihnachten!«, rief der alte Mann. »Das Fest der Liebe und Nächstenliebe!«

Es war spät geworden und das junge Paar brach auf, um nach Hause zu gehen. Sie verabschiedeten sich herzlich von den Kindern, die schon ganz rote Bäckchen hatten, von dem kleinen Hund, der zufrieden auf dem alten Sofa kuschelte, und von dem alten Mann. Tanja sah in seine gutmütigen Augen und erkannte, wie glücklich er war. Auch Markus nahm ihn fest in seinen Arm und sagte laut: »Auf Wiedersehen und frohe Weihnachten.«

Stumm und zufrieden stapften sie durch den frisch gefallenen Schnee.

Am Tag darauf, am ersten Feiertag, schliefen die beiden aus. Nach dem Frühstück wollten sie spazieren gehen, denn es war so ein herrlicher Wintertag. Wie selbstverständlich führte ihr Weg zu dem alten Haus.

»Bei Tageslicht sieht es noch schlimmer aus als bei Nacht«, bemerkte Markus.

Leer und verlassen stand das Haus da. Verblüfft und zögernd gingen sie hinein. Nichts, gar nichts deutete darauf hin, dass noch vor ein paar Stunden Menschen hier Heiligabend gefeiert hatten. Sie gingen wieder hinaus.

Eine junge Frau mit zwei kleinen Kindern kam vorbei. Markus sprach sie an: »Entschuldigen Sie, wissen Sie, wo der alte Mann mit den Kindern ist?«

Die junge Frau schüttelte den Kopf. »Das alte Haus steht schon seit Jahren leer, da kann man nicht mehr drinnen wohnen.«

»Aber, gestern Abend waren wir doch hier!«, entgegnete Tanja.«

»Unmöglich, das Haus hat weder Wasser noch Strom«, sagte die Frau verwundert.

»Haben Sie sich vielleicht in der Straße geirrt?«, fragte sie.

»Nein, nein, aber danke, und noch ein schönes Fest für Sie.«

»Für Sie auch und viel Glück bei Ihrer Suche.«

Kopfschüttelnd ging sie mit ihren Kindern weiter. Jedoch kam das kleine Mädchen noch einmal zurückgelaufen, winkte die Beiden zu sich herunter. Tanja und Markus gingen in die Hocke und sahen das Kind fragend an.

Mit großen Augen fragte sie in leisem Ton: »Der Hund, der kleine süße Hund, geht es ihm gut, geht es ihm gut?«

Aufgeregt hüpfte die Kleine von einem Bein auf das Andere.

»Ja, Süße, dem Hund geht es gut.«

Glücklich sprang das Mädchen auf, um sich im selben Moment nach hinten umfallen zu lassen. Sie lag auf dem Rücken und formte mit ihren Armen und Beinen einen Engel in den Schnee. Auch Markus und Tanja legten sich auf den Rücken und taten es ihr gleich.

Gemeinsam schauten sie sich die drei Engel noch einmal an und lachten fröhlich.

Die Beiden gingen zurück in das Haus, direkt auf die Kommode zu, worauf der kleine Weidenkorb stand. Sie nahmen ihn in ihre Hände. Wieder begann der Korb zu schimmern und wieder spürten sie die sanfte Wärme.

Sie standen da und glaubten eine Stimme aus weiter Ferne zu hören. Es war die Stimme des alten Mannes.

»Frohe Weihnachten und Frieden für Euch Menschen!«

Tanja liefen Tränen übers Gesicht.

»Markus, kann es sein, dass...?«

Markus sah sie an und sprach: »Ich glaube fest daran!«

Er verschloss ihren Mund mit einem langen Kuss.

Über die Autorin dieser Kurzgeschichte

Dagmar Sellheim ist 1961 in Erbach, einem heutigen Stadtteil von Bad Camberg im Taunus, geboren.
Zurzeit ist die gelernte Fleischfachverkäuferin Hausfrau.

Nachdem sie zwischenzeitlich 10 Jahre in Frankfurt am Main gewohnt und dort auch ihren Mann kennengelernt hatte, lebt sie nun seit 20 Jahren mit ihrem Ehemann wieder in ihrer alten Heimat. Gemeinsam haben sie 2010 Silberhochzeit gefeiert und auch eine erwachsene Tochter, die inzwischen selbst verheiratet ist.

Ihr Erstlingswerk »Kann es sein, dass…?«, soll nicht ihre letzte Geschichte gewesen sein.
Auch Dagmar Sellheim hat, wie ihr Ehemann, die Freude an der Literatur, am Schreiben und am Geschichtenerzählen entdeckt.

Kontakt: dagmar.sellheim@web.de

Die Botschaft von Bethlehem

☆☆☆

Es strahlt ein Stern am Himmelszelt,
bringt Botschaft uns vom Leben.
Ein Kind ist uns geboren,
was kann es Schönres geben.

Vor langer Zeit in Bethlehem,
inmitten dunkler Nacht,
in einem alten Stalle,
von Engeln gut bewacht.

Ein Kind so zart, ein Kind so rein,
in Menschenhand gegeben,
bringt seines Vaters Liebe mit,
in unser aller Leben.

Die Botschaft, die das Kind uns bringt,
erzählt von Hoffnung, Licht und Frieden,
die uns durch Gottes Gnade,
für alle Zeit beschieden.

So lasst dem Stern uns folgen,
auch heut in unsrer Zeit,
und zeigen, dass wir sie versteh'n,
die Botschaft M e n s c h l i c h k e i t .

aus „Dem Himmel so nah" von Renate Roos

Eine unglaubliche Entdeckung

Karl-Heinz Harpf

☆☆☆

Es war kurz vor Weihnachten vorletztes Jahr. Schon seit Anfang Dezember gab es Schnee in Hülle und Fülle. Das war selbst bei uns im östlichen Taunus schon ziemlich ungewöhnlich. Noch ungewöhnlicher aber war die Geschichte, die ich damals erlebt hatte. Das war am Freitagabend vor dem dritten Advent. Zuerst hatte ich mich nach Büroschluss mit meinen beiden besten Freunden auf dem Wiesbadener Sternschnuppenmarkt verabredet. Schon seit einigen Jahren gehen wir wenigstens ein Mal zusammen zum Stand eines bekannten Rheingauer Winzers aus Oestrich-Winkel, der nach unserem Geschmack den besten Glühwein ausschenkt. Und regelmäßig treffe ich dort auch viele alte Bekannte, wie ehemalige Mitschüler, Kommilitonen oder auch Sportkameraden, die man sonst das Jahr über kaum noch sieht. Das ist das Schöne dieses Marktes, neben dem stimmungsvollen Ambiente und der drängenden Enge, die einen näher zusammenrücken lässt. Hier kann man nicht nur genießen sondern sich auch ein wenig verzaubern lassen, von den leuchtenden Lilien, die wie Sternschnuppen über den Besuchern zu schweben scheinen. Und dazu kam in dem besagten Jahr als besondere Zugabe noch der glitzernde Schnee. Dies ließ bei allen, ob Jung oder Alt, eine wundervolle Weihnachtsstimmung aufkommen.

Als ich an diesem Abend zu bereits fortgeschrittener Stunde in Begleitung zweier Damen in meine Wohnung zurückkehrte, blinkte mein Anrufbeantworter. ›Das ist bestimmt Viola, meine Freundin‹, dachte ich, denn sie ruft mich sehr oft noch spät abends auf dem Festnetz an, wenn ich mein Handy ausgeschaltet habe, was ich grundsätzlich tue, wenn ich mit Freunden ausgehe. Vio wusste, was ich an diesem Abend vorhatte und sie konnte sich auch denken, dass es bei mir bei der Kälte bestimmt nicht bloß bei zwei Gläsern Glühwein bleiben wird.

Aber um diesen Teil der Geschichte ins rechte Licht zu setzen, muss ich vorwegschicken, dass unsere Beziehung mehr von einer sinnlich-erotischen Anziehung geprägt war, als dass ernste Absichten dahinterstanden. Das galt nicht nur für mich sondern mehr sogar noch für Vio. Das hatte sie mir schon kurz nach unserem ersten Zusammensein klipp und klar gesagt.

Vio ist eine Arbeitskollegin von mir. Nachdem ich im Sommer 2010 mein Studium der Architektur an der FH in Mainz sehr erfolgreich abgeschlossen hatte, trat ich im Oktober meine erste Stelle in dem angesehenen Wiesbadener Architekturbüro an. Dort arbeitete Vio als Technische Zeichnerin. Bereits an meinem zweiten Arbeitstag fragte sie mich, ob ich denn Lust hätte, am Wochenende mit ihr auszugehen. Ich fand das eine gute Idee und ihre nette, direkte Art gefiel mir. Sie kannte ein gutes spanisches Restaurant, das auch meinen Geschmack voll traf. Anschließend waren wir noch Abtanzen. Der Abend oder besser gesagt die Nacht endete schließlich bei ihr zu Hause. Sie kam gleich zur Sache, ohne den obligatorischen Kaffee. Aber danach war mir klar, dass Vio nur ihren Spaß haben wollte. Mehr hatte sie nicht im Sinn.

Sechs Wochen später feierte Vio ihren dreißigsten Geburtstag. Sie nahm das zum Anlass, ihrem Leben eine neue Richtung zu geben. Anscheinend hatte sie sich nun genug ausgetobt und sie hielt jetzt den richtigen Zeitpunkt für gekommen, um eine Familie zu gründen und ein Kind zu bekommen. Ich war dafür allerdings nicht der richtige Partner für sie. Sie meinte, mir fehle dazu die nötige Potenz, nicht die biologische, aber die finanzielle. Da ich als junger Architekt noch über kein ihren Ansprüchen genügendes Einkommen verfügte und ich auch keiner begüterten Familie entstammte, konnte ich ihr einfach nicht die Sicherheit bieten, die sie suchte. Verständlicherweise war ich über diese Abfuhr schon ziemlich erzürnt. Das ließ ich sie auch sehr deutlich spüren und wäre sie nicht eine so fantasievolle und feurige Liebhaberin gewesen, ich hätte das Verhältnis längst beendet. Dennoch stand für mich zu diesem Zeitpunkt bereits fest, dass ich diese Liaison nur noch so lange aufrechterhalten werde, bis sich eine andere Alternative auftut. Von da an war es für mich nur noch eine Affäre, eine Beziehung auf Abruf. Soviel vorweg.

Am Weinstand wurde nach dem dritten Glühwein die Stimmung immer gelöster und man kam dabei auch mit den nebenstehenden Gästen ins Gespräch. Und wie es der Zufall so wollte, stand auf einmal eine Gruppe von vier jungen, gutaussehenden Frauen neben uns. Sie waren in heiterer, entspannter Stimmung, so dass wir zwangsläufig gleich miteinander ins Gespräch kamen. Schnell kristallisierten sich individuelle Gesprächsthemen heraus, die von meinen beiden Kumpels mit einer der Damen paarweise weitergeführt wurden. In diesem Punkt hatten sie das große Los gezogen. Beide verabschiedeten sich nach einer guten Stunde mit ihren Eroberungen, während ich mit den beiden anderen Frauen alleine zurückblieb.

Silvia und Sandra waren zwei wirklich nette Mädels, witzig, charmant und nicht auf den Kopf gefallen. So entwickelte sich eine schöne und anspruchsvolle Unterhaltung und wir kamen uns dabei auch gefühlsmäßig näher. Hätte ich eine der Frauen alleine kennengelernt, ich bin sicher, daraus hätte sich mehr entwickeln können. So aber steckte ich in der Zwickmühle fest, denn weder Silvia noch Sandra wollte freiwillig der anderen das

Feld überlassen. Was ich zu diesem Zeitpunkt allerdings noch nicht wusste, die beiden waren Halbschwestern. Silvia, die Ältere, entstammte aus einer anderen, früheren Ehe ihrer Mutter. Jedoch besaßen sie keine auf den ersten Blick erkennbare körperliche Übereinstimmungen.

Nach einem weiteren Glas Glühwein hatte ich genug intus, und da weder Silvia noch Sandra nachgeben wollten, blieb mir nichts anderes übrig, als selbst eine Entscheidung herbeizuführen.

»Schade«, sagte ich. »Für mich wird es jetzt Zeit zu gehen.«

Da allerdings der Alkohol meine sonst übliche Zurückhaltung etwas gelockert hatte, war ich mutig genug, noch hinzuzufügen, »Oder möchte eine von euch noch zu einem Kaffee mitkommen?«

Zu meiner großen Überraschung erhielt ich keine prompte Abfuhr. Die beiden schauten sich nur kurz an und schienen sich mit einem einzigen Blick abgesprochen zu haben.

»Wenn die Einladung für uns beide gilt, kommen wir gerne mit«, sagte Silvi bedeutungsvoll, jedoch ohne die Spur einer Emotion zu zeigen.

Ich war jetzt ziemlich irritiert, denn mit einer solchen Antwort hatte ich nicht gerechnet, und bevor ich mir weitere Gedanken dazu machen konnte, sagte Sandra:

»Dass wir uns richtig verstanden haben. Wir kommen nur mit, um unsere nette Unterhaltung im Warmen fortzusetzen. Wohnst du hier in Wiesbaden?«

»Nein, in Taunusstein-Bleidenstadt. Wir können auch gerne woanders hingehen, wenn euch das zu weit ist«, bot ich nun an, denn mir war jetzt klar, dass an diesem Abend nichts mehr laufen wird.

»Nein, wir wollen mal sehen, wie du wohnst«, sagte Sandra. »Es sei denn, du hast eine Frau und Kinder zu Hause.«

»Ich bin nicht verheiratet und habe auch nicht vor, dies demnächst zu tun«, antwortete ich und dies entsprach absolut der Wahrheit.
»Also, worauf warten wir dann noch«, sagte Silvi kess.

Wir gingen nun zusammen zu dem nur wenige Schritte entfernten Taxistand und ließen uns zu meiner Wohnung bringen. Die Fahrt dauerte keine fünfzehn Minuten. Ich führte meine beiden Begleiterinnen in das Wohnzimmer und ließ sie auf dem Sofa platznehmen. Neben der Couch stand auf einem kleinen Beistelltischchen mein Telefon. Kaum dass sich die beiden hingesetzt hatten, sagte Silvi: »Kai, dein Anrufbeantworter blinkt.«
›Scheibenkleister‹, dachte ich. ›Wie bekomme ich jetzt nur meinen Kopf aus der Schlinge.‹
»Das wird nicht so wichtig sein«, sagte ich schnell und glaubte, damit die Sache noch abgewendet zu haben.
»Tut mir leid, das Blinken geht mir auf die Nerven«, meinte Silvia. »Darf ich?«
Bevor ich antworten konnte, hatte sie schon auf den Abspielknopf gedrückt.
»Hi Kai.«, ertönte Violas Stimme. »Sei doch bitte so lieb und rufe mich zurück, wenn du wieder zuhause bist.«
Immerhin war das jetzt ziemlich unverfänglich. Aber Silvia schien sofort den Braten gerochen zu haben:
»War das etwa deine Freundin?«, sagte sie mit einem leicht vorwurfsvollen Unterton in der Stimme.
»Viola ist eine Arbeitskollegin von mir und wir beide verstehen uns ganz gut. Wir unternehmen auch sehr viel zusammen«, antwortete ich. Damit schien die Sache erledigt zu sein, jedenfalls gab es keine weiteren Nachfragen mehr.

Nun wollte ich in die Küche gehen, um Kaffee aufzusetzen. Silvia bot an, mitzukommen und mir zu helfen. Das wäre zwar jetzt eine gute Gelegenheit gewesen, mal eine der beiden alleine zu sprechen, aber in meiner Küche stand noch ein Haufen Geschirr von gestern rum. Diesen Anblick wollte ich Silvi dann doch besser ersparen.

»Danke. Das schaff ich schon alleine«, sagte ich zu ihr.

Nachdem ich uns den Kaffee serviert hatte, fragte mich Sandra, ob ich denn Lust hätte, ein kleines Spiel mitzuspielen. »Alles, was wir dazu brauchen sind, Papier und drei Kugelschreiber.«

»Was habt ihr mit mir vor?«, fragte ich erstaunt.

»Keine Angst, es ist nichts anrüchiges«, meinte sie lächelnd. »Es ist ein Frage- und Antwortspiel, bei dem man herausfinden kann, welche Paare am besten zusammenpassen. Das Spiel geht so: Jeder von uns denkt sich sechs Fragen aus, die er von seinem Gegenüber beantwortet haben möchte. Man muss allerdings die Fragen auch für sich selbst vorher schriftlich beantworten. Dann werden die Antworten miteinander verglichen. Wer von uns beiden die größte Übereinstimmung mit dir hat, der geht morgen Abend mit dir aus. Das ist doch ein schönes Angebot, oder?«

»Das klingt in der Tat verlockend«, sagte ich erfreut. »Die Idee hätte auch von mir stammen können.«

»Damit es bei der Auswertung keine Probleme gibt, stellen Silvia und ich dir die gleichen Fragen. Einverstanden?«

»Ok. Dann lass uns loslegen«, sagte ich voller gespannter Erwartung.

Es war gar nicht so schwer, interessante Fragen zu finden. So fragte ich sie unter anderem, ›Nenne mir vier deiner Charaktereigenschaften und vier, die dein Partner haben soll‹, und ›Welche Vorlieben und Interessen hast du?‹. Umgekehrt fragten sie mich, ›Wie wichtig ist dir deine Familie?‹, ›Bist du schon mal fremdgegangen?‹ und ›Wo würdest du gerne deinen Urlaub verbringen?‹.

Die Auswertung des Tests brachte ein ganz eindeutiges Ergebnis. Mit Silvia hatte ich eine frappierend große Übereinstimmung. Insbesondere die von uns angegebenen und gewünschten Charaktereigenschaften wie Gewissenhaftigkeit, Ehrlichkeit, einfühlsam, humorvoll waren absolut deckungsgleich. Dagegen fanden sich zwischen Sandra und mir kaum Übereinstimmungen.

»Das hätte ich jetzt nicht so erwartet«, sagte Silvia freudestrahlend. »Und das wird Morgen bestimmt ein schöner Abend.«

Wir vereinbarten, uns um 19 Uhr in einem Bistro in der Altstadt zum Essen zu treffen. Dann würden wir weiter sehen. Danach musste ich ihnen das Taxi rufen. Ich begleitete sie noch vor das Haus, wo wir uns zum Abschied herzlich umarmten.

Silvia ging mir danach nicht mehr aus dem Kopf. Ihr natürliches Wesen und ihre besondere Ausstrahlung hatten bei mir Schmetterlinge im Bauch geweckt und ihre Körpersprache und Mimik zeigten mir, dass wir die gleichen Empfindungen und Gefühle hatten. Dies ließ mich hoffen, dass aus dem zarten Pflänzchen eine Liebe erwächst.

Als wir uns am nächsten Abend wie vereinbart trafen, war Silvia schon bei der Begrüßung auffallend reserviert. Zwar kam dann während des Essens eine anregende Unterhaltung zustande, aber Silvi wirkte dennoch verschlossen.

»Du bist heute ganz anders als gestern. Habe ich etwas falsch gemacht?«, fragte ich sie verunsichert.

»Deine Kollegin, die auf den Anrufbeantworter gesprochen hat, da läuft doch mehr zwischen euch. Hab ich Recht?«

›Mist. Warum habe ich bloß diese Affäre nicht schon längst beendet?‹, sagte ich zu mir. Allerdings wollte ich mich nun nicht tatenlos in mein Schicksal fügen. Und mir war dabei auch klar, dass ich das Blatt nur noch mit einem Eingeständnis werde wenden können.

»Ja, es stimmt, wir beide haben eine Affäre. Ich werde sie sofort beenden. Es ist wirklich nur eine Affäre. Liebe ist nicht im Spiel.«

»Und das soll ich dir jetzt glauben?«, fragte Silvi kopfschüttelnd. »Aber selbst wenn das alles so stimmt, was ändert das noch? Ihr seid Arbeitskollegen, seht euch jeden Tag. Und bei der nächstbesten Gelegenheit gehst du dann wieder zu ihr. Ganz ehrlich, das kann und will ich mir nicht antun, auch wenn mir diese Entscheidung nicht leicht fällt.«

»Deine Haltung kann ich natürlich gut verstehen. Und wenn ich dir sage, ich ziehe einen Schlussstrich ohne Wenn und Aber, dann solltest du mir das glauben. Gib mir doch bitte die Chance, dir das zu beweisen.«

Silvia schaute mich überrascht an. Sie antwortete nicht gleich, dachte ganz offensichtlich über meine Worte nach. Schnell hatte sie sich aber wieder gefasst und sagte:

»Immerhin warst du ehrlich zu mir. Das spricht für dich. Aber ich ringe noch mit mir. Lass mich ein, zwei Nächte darüber schlafen.«

Über diese Reaktion war ich natürlich sehr erleichtert.. Und um meine ernsten Absichten zu untermauern, machte ich Silvia noch den Vorschlag, ein gemeinsames Treffen mit Viola zu arrangieren. Als ich das sagte, huschte ein zartes Lächeln über ihr Gesicht. Dann sagte sie: »Jetzt muss ich dir aber auch noch etwas sagen. Unser Partnerspiel gestern. Das Ergebnis kam nicht zufällig so zustande. Sandra hat einen Freund und sie hat ganz bewusst ihre Antworten so gesetzt, dass es zwischen ihr und dir kaum zu einer großen Übereinstimmung kommen sollte. Sie hat gleich erkannt, dass wir beide ganz gut zusammenpassen würden. Meine Antworten waren auf alle Fälle echt. Das wollte ich dir nur noch gesagt haben.«

»Wäre es dann nicht besonders tragisch, wenn nicht zusammen kommt, was zusammen gehört?«, fragte ich erwartungsvoll.
»Ich denke darüber nach und sag dir am Montag Bescheid.«

Nachdem ich gezahlt hatte, verließen wir zusammen das Bistro. Draußen reichte sie mir zum Abschied die Hand. In dem Moment fiel ihr noch etwas ein:
»Oh, beinahe hätte ich es vergessen zu sagen. Thorsten, der Freund meiner Schwester, hat vor kurzem ein Haus in Limburg geerbt. Er will es so schnell wie möglich verkaufen. Du bist doch Architekt. Könntest du dir das Objekt nicht mal ansehen und Thorsten beraten, was er dafür verlangen kann?«
»Ja gerne.«
»Allerdings gibt es da noch eine andere Geschichte. Aber das soll dir Sandra am besten selbst sagen. Darf sie dich anrufen?«
»Selbstverständlich. Von mir aus schon morgen. Ich hab nichts vor. Ab zehn Uhr bin ich ansprechbar.«

Am nächsten Morgen rief Sandra bei mir an. Sie erzählte mir, dass ihr Freund glaubt, dass am 21. Dezember 2012 die Welt untergehen wird. Dies hätten die Mayas vor über tausend Jahren bereits herausgefunden. Deshalb endet ihr Kalender auch mit diesem Datum. Und Thorsten will daher auch unbedingt das Haus in Limburg verkaufen und mit dem Erlös mit ihr zusammen ein Jahr auf Weltreise gehen. Sandra wollte aber ihren Job nicht so lange aufgeben, höchstens drei Monate. Und außerdem glaubt sie nicht an den Weltuntergang. Nur Thorsten konnte sie bislang nicht davon überzeugen. Und zu allem Überfluss soll in dem besagten Haus ein uraltes Geheimnis verborgen sein. Das jedenfalls behauptete Thorstens Großvater. Er aber konnte nichts Näheres dazu sagen, nur so viel, dass das Geheimnis sich erst dann lüftet, wenn die Zeit dazu gekommen ist. Dann sagte mir Sandra noch, dass auch Thorstens Opa Franz ein sehr abergläubischer Mensch war, der vor vielen

Jahren ausgerechnet an einem Freitag, dem 13. einen schweren Autounfall hatte. Sein Glaube an geheime Mächte und Verschwörungen, der hatte auch auf seinen Enkel abgefärbt. Das war wohl auch der Grund, weshalb er ihm sein Haus vermacht hat.

Sandra hatte mich jetzt sehr neugierig gemacht. Deshalb bot ich an, gleich nach Mittag für eine Besichtigung des Hauses zur Verfügung zu stehen. Thorsten, in dessen Wohnung in Idstein sich Sandra gerade aufhielt, nahm mein Angebot dankbar an.

Eine Stunde später fuhr ich nach Idstein zu Thorstens Wohnung. Sandra, die nicht mitkommen wollte, machte uns miteinander bekannt. Wir nahmen nun Thorstens Wagen und während der Fahrt erzählte mir Thorsten noch, dass das Haus schon über 300 Jahre im Familienbesitz sei. Allerdings wusste er so gut wie nichts über die Baugeschichte des in der Nähe des Fischmarktes gelegenen Gebäudes. Aber vor Ort fanden sich dazu genügend Hinweise. Danach kam ich zu dem Schluss, dass das Haus wahrscheinlich im 16. Jahrhundert errichtet worden ist, jedoch auf einem viel älteren Kellergeschoss fußte. Im Bereich der Kellertreppe entdeckte ich einige Steine, die Brandspuren aufwiesen. Dies ließ mich vermuten, dass das ursprüngliche Haus einem Brand zum Opfer gefallen war. Die Bausubstanz des Hauses war leider an einigen Stellen nicht mehr die beste und teilweise waren die Ausbesserungen schlecht und unfachmännisch durchgeführt worden. Wollte man das Gebäude ordentlich sanieren, dann würde nach meiner Schätzung auf den Käufer mindestens ein Betrag von 100.000 Euro zukommen, was den Verkehrswert des Hauses entsprechend schmälerte.

Besonders interessant war jedoch das Kellergeschoss. Im ursprünglichen Zustand hatte der Keller einmal seinen Zugang von außen. Das schloss ich aus der Lage der Kellertreppe, auf die erst später ein innenliegender Zugang aufgesetzt worden war. Der Keller bestand aus zwei größeren nebeneinanderliegenden Gewölben, die über einen Durchgang miteinander verbunden waren. Im hinteren Keller befand sich noch ein kleiner abgetrennter Raum. Diese Abtrennung mag zwar nachträglich erfolgt sein, war aber sicher älter als der später erfolgte Neubau. Ich prüfte nun an mehreren Stellen mit einem Hammer die Festigkeit der Steine. Das war alles in bester Ordnung, wobei ich mich schon wunderte, dass der Keller nach den vielen Jahrhunderten noch so trocken war. Schließlich gingen wir noch in den abgetrennten kleinen Kellerraum. Auch hier prüfte ich mit dem Hammer den Zustand der Wände. Mir fiel auf, dass die innere Abtrennungswand ungewöhnlich breit war. Das war sehr merkwürdig, denn die Wand hatte keine statische Funktion. Deshalb hätte ich das Mauerwerk normalerweise gar nicht überprüfen müssen. Instinktiv tat ich es dennoch. An einer Stelle war der Klang etwas anders. Thorsten hatte den Unterschied gar nicht wahrgenommen, aber mein geschultes Gehör.

»Die Wand muss innen einen Hohlraum besitzen und das muss einen Grund haben. Weißt du etwas darüber?«

»Nein«, sagte Thorsten überrascht. »Aber vielleicht ist es das, was mein Großvater mit dem Geheimnis des Hauses gemeint hat. Glaubst du, dass man hier jemand eingemauert hat?«

»Ja, und der spukt hier als Geist«, antwortete ich im Spaß, aber Thorsten fuhr sofort darauf ab.

»Im Ernst? Und was sollen wir jetzt machen?«, fragte er entsetzt.

»Hey Thorsten, wach auf!«, rief ich jauchzend. »Da drin steckt garantiert kein Geist. Der Hohlraum ist viel zu klein für eine Leiche, darin hätte höchstens ein Kleinkind Platz. Das muss etwas anderes sein.«

»Sollen wir die Wand aufmachen?«, fragte er mich schüchtern.

»Ich würde es tun«, sagte ich. »Das ist keine große Sache. Wenn du einen Meißel hast, können wir gleich loslegen.«

Im Werkzeugschrank von Opa Franz befand sich ein geeigneter Flachmeißel. Während ich die Wand vorsichtig aufschlug, hielt sich Thorsten vornehm im Hintergrund auf. Ihm war die Sache nicht ganz geheuer. Der erste Stein war das mühsamste Stück Arbeit, danach ging es einfach. Nach zwanzig Minuten hatte ich den Hohlraum erreicht. Mit einer Taschenlampe leuchtete ich hinein. Drinnen lag eine Holzkassette mit Metallbeschlägen, etwas größer als ein mittlerer Schuhkarton. Bevor ich die Kassette jedoch aus ihrem Versteck holen konnte, musste ich die Öffnung noch erweitern. Natürlich war ich jetzt gespannt wie ein Flitzebogen, was sich in der Holzkassette wohl befindet.

»Nach dem Aufwand, den man hier betrieben hat, scheint es etwas Wertvolles zu sein«, sagte ich zu Thorsten.

»Und was ist, wenn es ein mit einem Fluch belasteter Gegenstand ist?«, entgegnete er und man merkte ihm nun deutlich an, dass ihn ein ungutes Gefühl beschlichen hatte.

»Du hast ja eine blühende Phantasie«, entgegnete ich. »Derartige Gegenstände hätte man bestimmt anderweitig entsorgt«, und das war jetzt nicht einfach nur so daher gesagt.

Wenige Minuten später hatte ich das Loch so weit verbreitert, dass sich die Kassette herausnehmen ließ. Als ich sie herauszog, merkte ich schon am Gewicht, dass sie auf keinen Fall leer war.

»Möchtest du sie öffnen«, fragte ich Thorsten.

»Nein, mach das du mal lieber«, sagte er zaghaft.

Die Kassette war mit einem rustikalen mittelalterlichen Vorhängeschloss versehen, das sogar kleinere Verzierungen besaß. Da es ohne Schlüssel nicht zu öffnen war, musste ich einen Bolzenschneider verwenden. Vorsichtig öffnete ich dann die Schatulle. Drinnen befand sich eine mit einem Holzeinband versehene alte Handschrift und drei gut erhaltene Silbermünzen mit dem Bild des Heiligen Stephan auf der Vorderseite und einem Kreuz mit vier Sternen auf der Rückseite. Erst später erfuhr ich, dass es sich um Silbergroschen handelt, die jedoch nicht im Limburger Raum geprägt worden waren.

Als ich das Buch aufschlug, lag hinter dem Buchdeckel noch ein zusammengefalteter Brief. Dieser war in mittelalterlichem Deutsch verfasst. Er trug das Datum 23. Juli 1445. Ich brauchte eine Weile, bis ich den Inhalt einigermaßen verstehen konnte. Er bezog sich auf die Handschrift. Danach handelte es sich um schlimme Prophezeiungen des Limburger Franziskanermönches Gottfried Engel aus dem Jahre 1233. Diese können nur verhindert werden, wenn sie 777 Jahre an einem geweihten Ort verschlossen aufbewahrt werden. Nach Eintritt des für dieses Jahr vorausgesagten großen Hagelschlages, der alles Getreide auf den Feldern zerschlagen wird, entschloss sich der Besitzer, die Schrift nun einzumauern, damit die Stadt vom schrecklichen Höllenfeuer verschont bleiben würde.

»Warum gerade 777 Jahre?«, fragte Thorsten.

»Das ist eine magische Zahl. Wenn du 777 durch sieben teilst ergibt das 111, aber es kommt noch besser. Man kann 777 auch durch 21, also 3 mal 7, teilen und das Ergebnis ist 37, also wieder die 3 und die 7.

»Hey, du bist aber ein Schlauer, woher weißt du das alles?«

»Mathematik war schon immer mein Steckenpferd und die Zahlentheorie im Besonderen.«

»Schön. Aber wenn ich jetzt richtig gerechnet habe, dann ergibt 1445 und 777 doch 2222?. Wieder eine besondere Zahl und wir sind demnach 212 Jahre zu früh dran«, sagte Thorsten geschockt und nach kurzem Nachdenken mutmaßte er noch: »Demnach haben die Mayas mit dem Ende ihres Kalenders doch Recht.«

»Jetzt mach mal langsam. Du glaubst doch nicht an diesen Unsinn. Ich kenne niemand, der bisher die Zukunft richtig vorausgesagt hat«, entgegnete ich.

»Ich schon. Nostradamus zum Beispiel.«

»Vergiss es. Das war so allgemein gehalten, dass er zufälligerweise ein paar richtige Treffer gelandet hat. Das meiste davon ist aber nicht eingetreten. Schauen wir uns doch erst mal an, was genau der Mönch prophezeit hat. Dann sehen wir weiter. Aber das sollten wir nicht hier machen. Am besten wir nehmen die Sachen mit zu dir nach Hause.«

Ich verschloss anschließend die Maueröffnung wieder provisorisch. Danach fuhren wir nach Idstein zurück. In Thorstens Wohnung empfing uns Sandra schon ungeduldig.

Die Handschrift des Buches war sehr akkurat geschrieben. Sowohl das Pergament als auch die Tinte wiesen kaum Alterungsspuren auf. Die Texte waren in lateinischer Sprache verfasst. Da ich in der Schule Latein bis zum Großen Latinum hatte, konnte ich das meiste sogar ganz gut lesen. Und tatsächlich hatte Gottfried Engel einige höchst bemerkenswerte Dinge vorausgesehen. Er schrieb unter anderem, dass im Jahre 1289 die Stadt niederbrennen und 1431 die Wasser der Lahn zu einem großen Strom anschwellen und die Stadt überfluten wird. Diese beiden Ereignisse sind tatsächlich eingetreten und sind auch in den Limburger Stadtchroniken dokumentiert.

Neben dem bereits in dem Brief genannten Hagelschlag aus dem Jahre 1445 prophezeite Engel für die Mitte des 14. Jahrhunderts eine schreckliche Epidemie, die alle Ungläubigen und Morallosen dahinraffen wird. Auch von zahlreichen Kriegen war noch die Rede und er sprach sogar davon, dass die Menschen sich eines Tages in die Lüfte werden erheben. Aber das schlimme Ende wird hereinbrechen, spätestens am »dies irae«, am Tage des Jüngsten Gerichtes, wird die Welt in Asche zerfallen. Dies wird sein am »XXVI. Februarius .... anno ab incarnatione domini nostri Iesu Christi«, also am 26. Februar im .... Jahr der Fleischwerdung Jesus Christus. Dies war gleich-

zeitig die letzte Prophezeiung. Die Jahreszahl war allerdings ausradiert worden. Und leider waren zu allem Überfluss auch noch die beiden letzten Seiten des Buches zusammengeklebt, vermutlich nicht ohne Grund.
Da ich die Seiten nicht trennen konnte, ohne sie zu zerstören, waren wir jetzt auf professionelle Hilfe angewiesen. Zufälligerweise kannte ich in Frankfurt einen Buchrestaurator. Ihm wollte ich nach Weihnachten das Buch vorbeibringen. Thorsten war sofort damit einverstanden. Allerdings hatte jetzt der Fund seine Sorge vor dem drohenden Weltuntergang eher noch verstärkt. Da nützte auch mein Hinweis wenig, dass die Daten nicht übereinstimmten, selbst wenn man die Kalenderreform von Papst Gregor im Jahre 1582 noch berücksichtigen würde.

*

Am Montagabend rief mich Silvia an. Sie sagte mir nur, sie hätte sich jetzt entschieden, aber das wollte sie mir nicht am Telefon, sondern direkt sagen. Sie wollte deshalb gleich vorbeikommen. Bevor ich überhaupt reagieren konnte hatte sie schon aufgelegt und ich konnte überhaupt nicht mehr einschätzen, ob das ein gutes oder schlechtes Zeichen war. Ich kam jedoch gar nicht mehr dazu weiter nachzudenken, denn schon klingelte es an der Wohnungstür. Es war Silvia. Sie hatte bereits vor dem Haus gewartet, als sie mich mit ihrem Handy anrief. Ich sah in zwei strahlende Augen. Erleichtert nahm ich sie in meine Arme und wir küssten uns leidenschaftlich. Dies war der Beginn einer wunderbaren Liebe.

*

Ende Januar 2011 konnte ich das Buch beim Restaurator abholen. Für ihn war es kein Problem, die verklebten Seiten schadlos zu lösen. Und tatsächlich standen dort noch besonders aufschlussreiche Informationen, die vom letzten Besitzer des

Buches stammten. Danach handelte es sich bei dem Buch um eine geheime Abschrift. Das Original ist am 11. November 1233 in einem Kellerraum des gerade im Bau befindlichen Limburger Doms eingemauert worden. Somit war die 777 Jahre dauernde Verschlusszeit am 24. November 2010 abgelaufen. Auch war noch einmal das Datum des Jüngsten Gerichtes genannt worden. Es ist der 26. Februar 2011. Und so ließ sich nun problemlos dieses Datum in unser heutiges Kalendersystem umrechnen. Hätten wir heute noch den Julianischen Kalender, würden wir 13 Tage zurückliegen, das heißt der 26. Februar würde heute auf den 11. März fallen.

›Oh Gott, das ist ja in wenigen Wochen‹, durchfuhr es mich und nun wurde selbst mir mulmig zu Mute. Thorsten konnte ich das jetzt auf keinen Fall sagen, der würde sofort in Panik ausbrechen. Also sagte ich ihm, dass es noch einige Wochen dauern wird, bis wir das Buch zurückbekommen.

Silvia und ich hatten am 11. März Urlaub genommen. Ich brachte es allerdings nicht fertig, sie über den eigentlichen Anlass zu informieren. Schon am Vorabend stieg meine Anspannung stündlich und ab Mitternacht saß ich nur noch vor dem Fernseher und hatte n-tv eingeschaltet. Silvi schlief neben mir auf dem Sofa. Gegen sieben Uhr morgens erschienen die ersten Breaking News auf dem roten Laufband: »Schweres Erdbeben in Japan«; »Tsunami rast auf Küste zu«. Als dann die ersten Bilder der Flut zu sehen waren und die Berichte über die Schäden am Atomkraftwerk Fukushima folgten, wurde mir langsam bewusst, dass es sich hier um eine epochale Katastrophe handelte, die das Leben vieler tausend Küstenbewohner auslöschte. Ob Gottfried Engel dieses Ereignis tatsächlich vorausgesehen hat? Ich weiß es nicht und ich wage auch nicht daran zu denken, was geschehen wäre, hätten wir das Buch sechs Wochen vorher entdeckt.

Erst eine Woche später informierte ich Thorsten. Ihm fiel ein großer Stein vom Herzen, den ich deutlich plumpsen hörte. Immerhin hat ihm das seine Angst vor dem Weltuntergang am 21. Dezember genommen. Jetzt hoffen wir nur, dass das Ende des Maya-Kalenders nichts weiter zu bedeuten hat. Denn am Tag danach wird es eine Doppelhochzeit geben. Sandra und Thorsten sowie Silvia und ich werden dann heiraten. Anschließend werden wir noch gemeinsam für drei Monate auf Weltreise gehen.

Über den Autor dieser Kurzgeschichte

Karl-Heinz Harpf lebt in Waldems im Taunus. Er ist 1953 in Bad Mergentheim, Main-Tauber-Kreis, geboren. Harpf studierte Betriebswirtschaft und arbeitete von 1981 bis 2006 in leitender Funktion als Finanzanalyst bei einer Großbank in Frankfurt am Main. Seit 2006 ist er in der Stadtverwaltung der Kreisstadt Hofheim am Taunus als Finanzplaner und Beteiligungsmanager tätig.

Harpf veröffentlichte 2011 seinen ersten Roman, »Paradies der verlorenen Träume«, ein spannender, zeitgeschichtlicher Abenteuerroman mit Elementen eines Thrillers und vieler geschichtlicher und wissenschaftlicher Fakten. Eines seiner Stilelemente ist, dass er wahre Begebenheiten mit Phantasievollem verbinden kann und der Leser die Unterschiede nur schwer erkennt. Mehr Infos über Harpf und seine Bücher gibt es unter www.harpf-waldems.de

Behütet und beschützt

☆☆☆

Am Himmel leuchten die Sterne,
ich gehe nun zur Ruh,
ein Engel steht an meinem Bett,
und deckt mich sachte zu.

Dann nimmt er seine Hände,
berührt ganz sanft mein Herz,
befreit mit seiner Liebe,
von Kummer mich, und Schmerz.

So schlafe ich beschützt,
und wohlbehütet ein,
mein Engel ist ja bei mir,
er lässt mich nicht allein.

Auf ihn kann ich vertrauen,
bei Tag und auch bei Nacht,
weil er mit seiner Liebe
mich ein Leben lang bewacht.

aus „Dem Himmel so nah“ von Renate Roos

Federspiel und Flockentanz

Katharina Rettig

☆☆☆

Mit aufgestellten Flügeln stand ich auf der kleinen Erhebung, um mich herum die Schneelandschaft und der endlose Tanz der fallenden Schneeflocken. Eine scharfe Böe peitschte durch meine Federn und ließ meine Mähne wie eine Fahne flattern. Mit ein paar kräftigen Flügelschlägen stieß ich mich von Boden ab, der Gegenwind half dabei. Schon bald war ich oberhalb der Baumkronen und glitt in einer Thermik in großen Kreisen nach oben. An deren Ende stieg ich mit ein paar weiteren Flügelschlägen bis knapp unter die Wolken. Eigentlich schade, dass ich nur bei bewölktem Himmel fliegen konnte. Die Menschen am Boden fürchtete ich nicht so sehr, schließlich flog ich so hoch, dass mich keiner von einem tiefer fliegenden Vogel unterscheiden konnte. Aber vor den Satelliten hatte ich doch Respekt, diese konnten ein Bild stark vergrößern, zudem war ich nicht gerade klein. Mein Körperbau glich dem eines normalen Pferdes, etwas eleganter und windschnittiger vielleicht, bis auf die Hufe, die sich bei Bedarf in Krallen verwandeln konnten, ähnlich derer von Raubvögeln. Körper, Kopf und Beine waren weiß wie frisch gefallener Schnee, Mähne und Schweif hatten eher die Farbe von mehrerer Tage altem Schnee, während meine Hufe bläulich, wie Eis schimmerten. Meine Flügel wiesen ein Farbspektrum von Schneewolken über frischen Schnee und Schneematsch auf. Je nach Lichteinfall konnten sie auch glitzern. Das behauptete jedenfalls Leon, mein bester Freund. Er meinte, ich sehe aus, wie er sich immer den Winter vorgestellt hatte, nur eben als Pferd. Und tatsächlich war der Winter meine liebste Jahreszeit.

Ich liebte die Kälte, den Schnee, das Eis, das alles bedeckte, und die Bäume mit Mustern überzog, und den kühlen Wind, der mir hier oben fast immer ins Gesicht wehte. Dahingegen hasste ich die Hitze, weil ich immer sehr schnell schwitzte und dementsprechend schlapp war. Mein Arzt schrieb das, schon seit ich ein Baby war, meiner hohen Normaltemperatur zu.

Es war schon lange dunkel, als ich endlich landete, mich zurückverwandelte und nach Hause ging. Meine Mutter war noch bei der Arbeit. Seit meine Schwester und mein Vater bei einem Eisenbahnunglück ums Leben gekommen waren, arbeitete sie noch mehr als früher. Mit Beklemmung dachte ich an das bald bevorstehende Weihnachtsfest. Es würde das erste ohne Tina und Papa werden. Und auch wenn Mama scheinbar schneller als ich ins Leben zurückgefunden hatte, so würde es für sie trotzdem schwer werden. Und wir konnten uns nicht mehr aus dem Weg gehen. Eigentlich kamen wir ganz gut miteinander aus, nur manchmal glaubte ich, in Mamas Augen den Vorwurf zu sehen, dass ich lebte und Papa nicht, egal wie sehr sie mich liebte. Und wie immer wenn ich an Papa dachte, fühlte ich mich wieder einsam und Tränen standen in meinen Augen. Kurzer Hand klebte ich Mama einen Zettel an die Tür und lief zwei Straßen weiter zu Leon. Seit einem Referat in der 5. Klasse waren wir befreundet, aber richtig wichtig war er erst im Frühling für mich geworden, kurz nach Papas Tod.

»Hallo, Stella. Leon ist oben in seinem Zimmer«, begrüßte mich seine Mutter.

Zum Glück hatten seine Eltern nichts dagegen, wenn ich zu den unmöglichsten Zeiten bei ihnen klingelte oder tief in der Nacht noch mit Leon telefonierte. Außerdem waren sie weder genervt noch panisch, wenn ich mal wieder die ganze Woche lang bei ihnen blieb, weil Mama wieder auf Dienstreise war. Aber was noch wichtiger war: Es machte Leon nichts aus, er lud mich sogar noch ein. Die meisten meiner alten Freunde hatten mich zwar am Anfang getröstet, aber jetzt, nach einem Dreivierteljahr, ohne dass ich aufgehört hatte, zu trauern, wurde es den meisten doch zu viel.

»Stella, was ist los?«, mit entsetztem Gesichtsausdruck kam Leon auf mich zu. Ich musste schlimmer aussehen, als ich dachte.

»Nichts. Ich will einfach nicht alleine sein.«

»Du hast wieder an deinen Vater gedacht, oder?«

Statt einer Antwort nickte ich nur, ich hatte Angst meine Stimme würde brechen.

»Ach, Stell. Wie soll das nur weitergehen? Ich meine, mir macht das nichts aus, aber was ist mit dir?«

»Ich hasse es. Jedes Mal, wenn ich denke ich hätte mich im Griff, ist die Trauer wieder da und schlimmer als zuvor«, schluchzte ich, während Leon mich wiegte wie ein kleines Kind.

»Bist du heute geflogen?«

»Gleich nach den Hausaufgaben. Wieso?«, fragte ich verwundert über den plötzlichen Themenwechsel.

»Naja, wenn du da oben bist, fühlst du dich da einsam?« »Eigentlich nicht. Meistens fühle ich mich einfach nur frei und glücklich und ich denke an gar nichts.«

»Seltsam, oder? Du bist immer noch du, aber du denkst nicht an das, was dich im Moment am Meisten prägt, also deine Schwester und dein Vater.«

»Naja, außer beim allerersten Mal.«

»Das zählt nicht. Gott, ich werde nie vergessen, wie das passiert ist«, grinst er und wider Willen grinste ich zurück. Jetzt im Nachhinein war es lustig, aber damals war es einfach nur beängstigend und unheimlich gewesen.

Es hatte zum ersten Mal in diesem Jahr gefroren und für den Nachmittag war der erste Schnee angekündigt worden, überhaupt sollte es ein ungewöhnlich strenger Winter werden. Leon und ich hatten einen Spaziergang gemacht, wegen des heftigen und kalten Windes waren wir die Einzigen, die unterwegs waren. Als wir aus dem Wald herauskamen, hatte es angefangen zu schneien, was eigentlich kein Grund für Besorgnis oder beängstigend war. Erst genoss ich es auch, zumindest, bis die ersten Schneeflocken auf meinen bloßen Händen landeten.

Denn statt zu schmelzen, bildete sich rings um die Flocke dichtes Fell, das direkt aus meiner Haut kam. Und mit jeder Schneeflocke wurde es mehr, bis es schließlich meine Arme hochkroch und sich am ganzen Körper ausbreitete. Zu Beginn hatte Leon noch nichts bemerkt, aber als das Fell mein Gesicht erreicht hatte, war es für ihn nicht mehr zu übersehen. Gerade noch rechtzeitig, denn im nächsten Moment waren meine gewiss nicht kleinen Schwingen aus meinem Rücken gebrochen und ich war vornüber gefallen. Gleichzeitig hatte mein gesamter Körper sich verwandelt, Arme wurden zu Beinen, Hände zu Hufen. Und mein Gesichtsfeld erweiterte sich schlagartig. Kaum war die Verwandlung vollendet, war ich in die Luft geschossen, aber an das, was von diesem Zeitpunkt bis zu dem Moment in Leons Zimmer geschehen war, hatte ich keinerlei Erinnerung. Ich wusste auf Leons Nachfrage nur noch, dass ich ständig an Tina und Papa gedacht hatte. Danach hatte ich erst recht Panik, in die Schule zu gehen, bis ich herausfand, dass ich selbst die Verwandlung einleiten konnte und nicht das Wetter.

»Stella!«

»Hmm?«

»Ich habe dich gerade gefragt, ob du bei mir schläfst, du Schlafmütze.»

»Wenn deine Eltern es erlauben.«

»Garantiert, es hat ihnen doch die ganze Zeit nichts ausgemacht. Ich verstehe nur nicht, warum es deine Mutter so ohne weiteres toleriert.«

»Ich glaube sie ist einfach froh, wenn ich nicht da bin und sie nicht versuchen muss, mir eine Stütze zu sein. Weißt du, ich denke für sie ist das alles viel schlimmer als sie zugibt.«

In der Nacht saß ich noch lange in der Nische vor seinem Fenster und betrachtete abwechselnd den Mond und den schlafenden Leon. Eigentlich hatte ich ein schlechtes Gewissen, dass ich unsere Freundschaft so nutzte, aber ich brauchte ihn einfach zu sehr. Zu meinen „normalen“ Problemen kam seit neuesten auch noch eine extreme Unruhe. Nachts schlief ich wenig und schlecht, trotzdem war ich sehr aufmerksam, jeder Muskel war gespannt, und ich bemerkte alles, was um mich herum geschah, wobei ich auch noch das Gefühl hatte, etwas Wichtiges zu verpassen. Zum Glück war ich intelligent – durch die Verwandlung sogar noch mehr – sodass ich nicht viel für die Schule tun musste, um gute Noten zu schreiben. Denn lernen konnte ich jetzt beim besten Willen nicht und so musste ich mich nicht um meine Zukunft kümmern.

Als wir am anderen Morgen zusammen beim Frühstück saßen, sagte Leons Mutter: »Stella, meinst du, du und deine Mutter könnten an Weihnachten zu uns kommen?«

»Warum?«, fragte ich, zu verdutzt um höflich zu sein.

»Du gehörst doch sowieso schon zur Familie und deine Mutter sollte auch mal wieder unter Menschen kommen. Außerdem, je mehr wir sind, desto schöner ist es.«

»Ich würde schon gerne kommen«, antwortete ich zögerlich, » aber ich weiß nicht, ob meine Mutter damit einverstanden wäre.«

»Ich lade sie einfach ein, dann wissen wir es«, und nach einem kurzen Blick auf die Uhr setzte sie noch hinzu: »Aber jetzt erst mal ab mit euch zur Schule.«

Für manche mag es vielleicht komisch klingen, aber ich hatte vieles doppelt. Zwei Mütter, zwei Familien. Deswegen hatte ich auch meine Kosmetikartikel und meine Lieblingsklamotten in doppelter Ausführung. Meine Matratze lagerte immer unter Leons Bett und auf dem Frühstückstisch fehlte meine Lieblingsmarmelade nie. Das meiste hatte mir Leons Mama geschenkt, war sie für mich doch meine zweite Mutter geworden. Jedenfalls behandelte sie mich wie eine Tochter und sie war einfach für mich da, mehr sogar als meine eigene Mutter, obwohl ich beiden viel verschwieg. Es war schon seltsam, wie viel sich verändert hatte, aufgrund eines Ereignisses, das nicht einmal eine Stunde gedauert hatte, und seltsam, wie anders einem die Welt dann erscheint. Schule, ein Ort, den ich früher gemocht hatte, war jetzt zu meiner persönlichen Hölle geworden. Die Lehrer behandelten mich wie ein rohes Ei, fast so als hätte ich gerade einen Selbstmordversuch unternommen und könnte es wieder versuchen, falls sie zu streng zu mir waren. Die wenigen, die das nicht taten, nahmen gar keine Rücksicht. Meine Mitschüler dagegen hielten mich einfach nur für schwach, dementsprechend behandelten sie mich auch. Dass mich das nur noch weiter runterzog und nichts an meinem Verhalten änderte, schien keiner zu begreifen. So war die Schule für mich zu einem Alptraum geworden. Ich war allein, hatte nur Religion mit Leon zusammen. Und heute war der letzte Tag vor den Ferien, was aber leider manche Lehrer zu den seltsamsten Aktionen veranlasste. Meine Deutschlehrerin hatte sich für die zwei letzten Stunden etwas »ganz besonderes« ausgedacht, wie sie uns freudestrahlend mitteilte.

»Ihr setzt euch in Gruppen zu jeweils viert zusammen, dann nenne ich euch ein Fabeltier und ihr beweist anschließend logisch, warum es dieses Tier nicht geben kann. Ich habe nämlich in eurer letzten Klausur festgestellt, dass den meisten von euch Begründungen und Nachweise schwerfallen“, erklärte sie mit einer Miene als erwartete sie Applaus und Jubel für diese »Idee«. Natürlich kam ich mit den drei dümmsten und zugleich zickigsten Mädchen des Kurses in eine Gruppe, und wie es der Zufall so wollte, bekamen wir den Pegasus zugeteilt. Na Super! Jetzt durfte ich auch noch logisch beweisen, warum es mich nicht gibt und das mit Leuten, die mich sowieso schon wegen meines unerschütterlichen Glaubens an die Magie aufzogen. Aber trotz allem: Ich hatte einen Beweis, den man nicht wegdiskutieren konnte: Ich war ein Pegasus – oder zumindest ein halber.

»So. Wie weit seid ihr denn?«

»Fast fertig«, antwortete Anna gelangweilt, blickte kurz von ihren Nägeln auf und grinste den anderen hämisch zu. Kaum war die Lehrerin weitergegangen, beugte sie sich zu mir vor und zischte: »Mach hinne Stella, oder soll ich dir beweisen, dass es dich nicht gibt?«

»Wie war's heute?«

»Beschissen. Ein Beweis, dass es mich nicht gibt und das Übliche.«

»Na wenigstens weiß ich, dass es dich gibt.«

»Ich weiß, aber… Verflixt Leon, manchmal habe ich einfach das Gefühl, dass sie Recht haben.«

»Aber du weißt doch, dass es dich gibt.« Verwundert starrte Leon mich an und wäre ich nicht so trübselig, hätte ich garantiert gelacht.

»Weiß ich das wirklich?« Betrübt zog ich meine Knie fester an meinen Körper und starrte nach draußen. Leon und ich saßen auf unserem Lieblingsplatz, einer kleinen Höhle im Gebüsch unweit der Kapelle, und sahen ins Tal hinab. Hier her flüchtete ich immer, wenn mir alles zu viel wurde und meistens dauerte es nicht lange bis Leon hinterher kam, wie auch heute. Ich weiß nicht, wie lange wir da saßen, ohne ein Wort zu sagen, aber irgendwann zog der Himmel zu, und es begann wieder zu schneien. Eine Weile lang beobachteten wir den Tanz der Flocken, dann kroch ich aus dem Gebüsch und hielt mein Gesicht in den Wind. Ich atmete ein paar Mal tief ein und aus und genoss den erfrischenden Hauch des Windes. Ohne einen Entschluss gefasst zu haben, wirbelte ich plötzlich herum und ohne wirklichen Übergang wurde mein Rennen zu einem Galoppieren und schließlich zum Fliegen. Und kaum in der Luft durchdrang mich wieder jene Lebensfreude, wie man sie nur verspürt, wenn man wirklich frei ist. Im Sturzflug raste ich auf Leon zu, der lachend winkte, und erst kurz bevor ich mit den Hufen seinen Kopf streifte, fing ich den Sturz in einem Looping ab. Unter mir lag das Tal ausgebreitet, die Schule, die Turnhalle, die Kirche, sogar unser Haus konnte ich von oben erkennen, wahrscheinlich aber nur, weil ich genau wusste, wo es lag. Morgen war der erste Ferientag und dann würde ich, zumindest theoretisch, jeden Tag fliegen können.

»Stella! Stelaaaa! Jetzt wart doch mal.«

»Tina?« War das wirklich ihre Stimme gewesen? Das war doch unmöglich. Entweder ich halluzinierte schon, oder …

»Nein, mein Schatz, wir sind wirklich da.«

»Papa?« Ich drehte mich ein paar Mal im Kreis, was mit nur zwei Schwingen nicht gerade einfach war, dann endlich sah ich sie. Papa und Tina sahen genauso aus wie am Tag des Unfalls, Papa vielleicht ein bisschen jünger. Beide waren von einem pulsierenden blauen Licht umgeben und beide strahlten mich an. Papa streckte sogar die Hand aus und strich mir über Nasenbein und Nüstern. Seine Hand war warm und weich und die Berührung war zart, fast wie ein warmer Luftzug.

»Ich bin stolz auf dich mein Mädchen.«

»Aber wie und warum…?«

»Uns verabschieden.«

»Und ich wollte dir und deiner Mutter so viel sagen.«

Nach einer langen Pause kam mir ein Gedanke. »Ihr wusstet, dass ich komme, oder?«

»Wir haben es gehofft, aber wir wissen, was mit dir passiert ist.«

»Wisst ihr auch warum?«

»Du bist etwas Besonderes, mehr können wir dazu nicht sagen. Es ist noch nicht soweit, aber irgendwann wirst du es erfahren. Vielleicht von uns, vielleicht von jemand anderem, vielleicht aber auch aus eigener Erfahrung.«

»Aber ihr wisst es.«

»Ja.«

»Dann wisst ihr bestimmt auch, warum es ausgerechnet dann passiert ist, nicht wahr?«

»Es war Zeit, Schwesterchen. Und es war Winter. Die Antworten enttäuschten mich. Auch wenn ich meine Verwandlung nicht missen wollte, ich wollte trotzdem wissen, warum es mich getroffen hatte, ob es noch mehr Magie gab und vor allem ob es noch mehr Menschen mit der gleichen Veranlagung gab.

»Wenn ihr es wisst, warum sagt ich es mir nicht? Findet ihr nicht, ich hätte die Wahrheit verdient?«, fragte ich und konnte dabei nicht verhindern, dass ein Vorwurf in meiner Stimme mitschwang.

Papa wuschelte mir liebevoll durch die Mähne und lachte. »Natürlich hast du das, mein Sternchen.« Er wurde wieder ernst, seine Augen fixierten meine. »Aber es liegt nicht an uns zu entscheiden ob und wann wir dir das erklären. Eines Tages wirst du das schon verstehen.«

Langsam sank die Sonne hinter der aufgerissenen Wolkendecke und Leon trat wieder in mein Bewusstsein. Wie lange war ich schon hier oben? Lange genug, das stand zumindest fest. Es wurde Zeit, zur Erde zurückzukehren, auch wenn es mir das Herz brach, Papa und Tina nach all der Zeit wieder zu verlassen. »Werdet ihr morgen wieder da sein?«

»Selbstverständlich.«

»Dann komme ich morgen wieder. Versprochen.« Beide kraulten mir noch einmal die Nase, dann schlug ich einmal mit den Flügeln, stieg ein paar Meter in die Höhe und schoss dann im Sturzflug auf Leon zu, der tatsächlich immer noch dastand, auch wenn er jetzt besorgt aussah.

»Stella, endlich!«, rief er, als ich mit einem Ruck neben ihm auf dem schneebedeckten Boden aufsetzte und die Flügel faltete. »Wo warst du so lange? Ich hab mir schon Sorgen gemacht.«

»Ich hab mich mit Papa und Tina unterhalten und dabei die Zeit vergessen.«

»Du weißt aber schon noch, was du sagst? Und ich hoffe, dir ist klar, dass das niemals sein kann", antwortete Leon mit betont ruhiger Stimme, so als fürchtete er, mein Verstand hätte ernsthafte Schäden davongetragen.

»Es war aber so. Sie waren da und sie haben gesagt sie wären morgen immer noch da.«

»Aber sonst geht es dir gut? Kein Schwindel, Hitzewellen oder Ähnliches?«

»Nein, wieso?«

»Weil du schon halluzinierst. Ich weiß ja, dass dich der Tod von deinem Vater und deiner Schwester ziemlich aus dem Gleichgewicht gebracht hat, aber ich dachte ehrlich gesagt nicht, dass es so schlimm ist.«

Immer noch dieser belehrende Ton. Langsam wurde ich wütend. Ich hatte gedacht er würde mir glauben, würde wissen wollen was genau sie gesagt haben. Stattdessen hielt er mich für psychisch labil. »Dann lass mich doch in Ruhe, wenn ich gestört bin«, schrie ich und Tränen der Wut liefen mir übers Gesicht. »Vielleicht glaubt mir meine Mutter ja.«

»Du hast doch nicht etwa vor, ihr von deinen Halluzinationen zu erzählen?«

»Nein, aber ich werde es ihr zeigen.«

»Du willst dich vor ihr verwandeln? Bist du jetzt vollkommen übergeschnappt?« Jetzt schrie auch er, während er versuchte meinen Arm zu packen. Doch ich wehrte mich und sah ihm ins Gesicht. Was ich dort sah, machte mich noch wütender. »Ich bin diejenige, die sich verwandelt und allein ich entscheide, wem ich das zeige. Ich hab gedacht du wärst mein bester Freund, aber da hab ich mich wohl geirrt. Geh doch zu Anna, dann könnt ihr in aller Ruhe darüber reden, dass es mich nicht gibt. Das ist nämlich auch unmöglich«, brüllte ich, noch bevor ich mich umdrehte und schluchzend davon rannte.

Leon machte keine Anstalten mehr, mich aufzuhalten oder mir zu folgen.

Zuhause schmiss ich mich gleich auf mein Bett und schluchzte in mein Kissen. So ein Idiot. Er war der Einzige, auf den ich mich verlassen konnte, der Einzige, dem ich wirklich vertraut hatte. Und nun verriet auch er mich. So kam es mir jedenfalls vor. Ich fühlte mich nicht so, als hätte ich Streit mit meinem besten Freund gehabt, eher so als hätte mir jemand meinen Körper ausgesaugt. Ich war einfach hohl und leer. Dabei hätte der Tag so schön sein können, trotz der aufwühlenden Begegnung mit Papa und Tina. Und ich hatte nicht fantasiert, das wusste ich ganz genau. Und morgen würde ich mit Mama einen

Spaziergang machen und ihr alles zeigen. Wenigstens sie würde sich darüber freuen. Und wenn nicht, dann würde ich eben verschwinden. Was hielt mich hier schon? Gestern war es vor allem Leon gewesen, jetzt war es mein Pflichtgefühl Mama gegenüber. Ich konnte nicht einfach gehen, nicht so kurz nach dem Verlust von Papa und Tina. Wenn sie die beiden nicht wiedersehen wollte, dann eben nicht. Aber wenn sie wollte, dann würde sie sie auch sehen. Und, beschloss ich mit – zugegeben sehr kindischem – Trotz, wenn sie mich danach nicht mehr achten würde, dann wäre sie mich los. Und das für immer.

Am nächsten Morgen brachte ich Mama tatsächlich dazu, mit mir spazieren zu gehen, sogar schneller als ich gedacht hatte. Vielleicht wollte sie einfach nur raus, vielleicht wollte sie auch wissen, was mit mir und Leon war. Leon hatte anscheinend um die dreißig Mal angerufen. Die ersten Male hatte ich Mama noch gesagt, dass ich nicht mit ihm sprechen wollte, dann hatte sie mich gar nicht mehr gefragt. Ich hatte weder meine SMS noch meine E-Mails gecheckt, aber vermutlich quollen beide Postfächer über vor Nachrichten von Leon, die mich von meinem Vorhaben abbringen sollten.

»Mama?«

»Hmm?«

»Würdest du Papa und Tina eigentlich gerne wiedersehen?«, fragte ich nach einer Weile, während wir auf der Bank vor der Kapelle saßen, nicht weit weg von Leons und meinem Lieblingsplatz. Der Himmel war leicht bewölkt, doch ich meinte, in der Ferne zwei bläuliche Flammen zu erkennen. Vielleicht war es aber auch nur eine Täuschung, weil ich mir wünschte, sie zu sehen.

»Natürlich würde ich sie gerne wiedersehen. Aber das ist nun mal unmöglich.« Sie seufzte, dann nahm sie meine Hand. »Ich weiß, ich hätte mich mehr um dich kümmern müssen, aber es sah immer so aus, als würdest du ohne mich besser damit klar kommen. Außerdem hatte ich nicht den Eindruck als würde dich das noch immer belasten.«

»Nur weil ich es nicht zeige, heißt das nicht, dass es nicht so ist.«

»Ja, so warst du schon immer. Alles alleine machen und ja keine Hilfe annehmen. Aber, sag mal, ist irgendwas passiert, dass du auf einmal doch darüber redest?«

Jetzt wusste ich wieder, warum ich nicht von Mama wegwollte. Ich liebte sie einfach, trotz aller Differenzen. Doch jetzt war es erst mal Zeit, ihr von gestern zu berichten. Ich holte noch einmal tief Luft, dann begann ich. »Ja, schon, aber…«

»Aber?«

»Aber ich weiß nicht, ob ich das wirklich erlebt habe. Und ob du mir das alles glauben kannst.«

»Ich werde es versuchen.«

»Ich …ich habe Papa und Tina gesehen. Nicht lebend eher wie Geister oder Engel oder so.«

»Und wo?«

»Du glaubst mir?«

»Mal sehen. Ich sehe sie auch oft genug«, meinte sie ernst, »Also wo?«

»Da oben«, antwortete ich, indem ich auf den Punkt deutete, an dem ich auch jetzt die blauen Flammen sah.

»Und wie bist du da hingekommen?«

»Das ist der verrückte Teil der Geschichte.«

»Noch verrückter?«

»Du glaubst mir nicht«, stellte ich nüchtern fest, es gelang mir erstaunlich gut, meine Enttäuschung zu verbergen.

»Doch, ich glaube dir, dass du sie gesehen hast. Auch mir sind sie schon des Öfteren begegnet. Aber dass sie wirklich da waren… ich will es glauben, aber ich kann es einfach nicht. Es sei denn«, fügte sie mit einem schelmischen Grinsen hinzu, »du könntest es beweisen.«

»Kann ich auch«, sagte ich und stand auf.

»Was hast du vor?«

»Ich will dir etwas zeigen. Aber du musst mir versprechen, dass du niemanden davon erzählst. Und mit niemand meine ich, wirklich niemand. Keiner darf es jemals erfahren.« An ihrem Gesicht konnte ich erkennen, wie Skepsis und Neugier miteinander rangen. Und die Neugier gewann.

»Ich verspreche es, es sei denn, es ist etwas Gefährliches.«

»Ist es nicht. Ich hoffe nur, du hast keine Höhenangst«, beruhigte ich sie und versuchte damit gleichzeitig mich zu beruhigen.

Es jemanden auf diese Weise zu zeigen, war eindeutig schlimmer als sich zu verwandeln und danach festzustellen, dass dich jemand gesehen hat. »Nicht erschrecken«, sagte ich noch, dann ging ich auf das Feld gegenüber. Der Wind hatte wieder aufgefrischt, selbst für mich wurde es jetzt kalt. Ich drehte mich mit dem Gesicht zu Mama, schloss die Augen und ließ das vertraute, heimelige Gefühl der Verwandlung durch meine Adern fließen. Dann schlugen meine Hufe auf den Boden und ich machte meine Augen auf. Mamas Gesicht war zu einer Maske aus Überraschung, Schock und Entsetzen erstarrt.

»Glaub mir, Mama, das ist in Ordnung so«, versuchte ich sie zu beruhigen und trat einige Schritte auf sie zu.

»Stella, du kannst dich doch nicht in einen Pegasus verwandeln und dann so tun, als ob nichts wäre.«

»Naja“, erwiderte ich und raschelte mit den Flügeln, »für mich ist das schon normal.«

Langsam schien alles in Mamas Gehirn anzukommen, sie beruhigte sich wieder und stand sogar auf. »Seit wann kannst du dich verwandeln?«

»Vor etwa drei Monaten war es das erste Mal.«

»Warum hast du mir denn nie davon erzählt?«

»Du hättest mir nicht geglaubt. Und ich wusste einfach nicht wie und wann. Du warst so selten da und, naja.«

»Hast du deswegen mit Leon gestritten?«

Ich nickte. »Er wollte nicht, dass ich dir das zeige, was ich gestern gesehen habe, auch weil er es nicht geglaubt hat.«

»Was hast du denn gesehen?«

»Das zeige ich dir jetzt«, sagte ich und drehte mich um, sodass sie von der Bank aus auf meinen Rücken klettern konnte. »Moment. Heißt das, ich soll auf dir reiten?«

»Genau das.«

»Aber ich saß doch noch nie auf einem Pferd.«

»Ich bin schon vorsichtig. Tue mir nur den Gefallen und halt dich nicht an den Federn fest. Erstens tut das ziemlich weh und zweitens fällst du dann garantiert runter.«

»Aha«, machte Mama nur. Die Skepsis stand ihr immer noch deutlich im Gesicht geschrieben. Aber abgesehen davon, schien sie das alles sehr schnell akzeptiert zu haben, sogar schneller als Leon, und schon bei ihm war ich darüber überrascht gewesen. Nach einigem Hin und Her, und einigen gescheiterten Versuchen, saß Mama schließlich auf meinem Rücken, die Beine direkt hinterm Flügelansatz. »So Stella, dann mal los.«

So eine Aufforderung brauchte man mir nicht zweimal zu geben. Einmal tief durchatmen, angaloppieren Flügel ausbreiten und los geht's. Mama zuliebe verzichtete ich auf Flügelschläge, sondern glitt wie ein Segelflugzeug durch die Luft. Auf diese Art und Weise kam ich zwar nicht so schnell vorwärts, aber wir hatten den ganzen Tag Zeit. Und dann, nach etwa zwei Stunden Flug erreichten wir sie. Wie gestern schwebten sie an dergleichen Stelle und sahen uns entgegen. Und das erste Mal seit einer Stunde sagte meine Mutter gar nichts.

Was in den Stunden bis zur Landung geschah, daran habe ich nur noch verschwommene Erinnerungen. Nur ein einziges Bild hat sich unauslöschlich in mein Gedächtnis eingebrannt. Papa und Tina hatten sich verabschiedet, diesmal für immer. Hinter ihnen wurde eine Treppe sichtbar, ebenso blau wie das Licht um sie herum. Sie stiegen einige Stufen hinauf, drehten sich um, winkten noch einmal und verschwanden durch ein Loch in der Wolkendecke. Ich folgte ihnen mit den Blicken, doch die Treppe wurde immer heller und heller. Gleißendes Licht erfüllte sie am Ende meines Blickfeldes. So gleißend, dass ich es nur wenige Sekunde betrachten konnte, bevor ich die Augen schließen musste. Und ich würde wetten, dass die Treppe da noch lange nicht zu Ende war.

Ich flog mit Mama zurück und wir gingen nach Hause, beide in Gedanken an das, was dort oben passiert war, vor allem was wir gefühlt hatten. Instinktiv wussten wir beide, dass es noch etwas dauern würde, bis wir den Verlust endgültig überwunden hätten. Aber wir wussten auch, dass es fortan leichter werden würde, weil wir Abschied voneinander nehmen konnten. Auch das angespannte Verhältnis zwischen meiner Mutter und mir verbesserte sich nun schlagartig. In der Hinsicht war es ein Schlüsselerlebnis gewesen. Mama und ich sprachen jedoch nie wieder darüber, auch nicht über meine Verwandlung, deren Ursache ich immer noch nicht kannte.

Am nächsten Morgen erklärte mir Mama dann, dass sie Leons Mutter zugesagt hätte, ungeachtet meines Streits mit Leon. Somit gab es bei uns zu Hause keine Weihnachtsvorbereitungen, die Geschenke wurden gekauft und Plätzchen backen ließen wir nach dem ersten Versuch bleiben. Von heute auf morgen war auf gespenstische Weise Harmonie eingekehrt. Aber mein Streit mit Leon war noch nicht geklärt und auch meine Unruhe hatte sich nicht gelegt. Im Gegenteil, sie wurde sogar mit jedem Tag stärker. Rastlos streifte ich umher, mal zu Fuß, mal in der Luft, meistens auch nachts. Bei einem dieser Streifzüge entdeckte ich einen quaderförmigen Gegenstand, der in einem Eiszapfen gefroren vom Baum hing. Ich brach den Zapfen ab und befreite den Gegenstand aus dem Eis. Die Schatulle war silbern, die Steine am Deckel glitzerten im Mondlicht milchweiß. Überhaupt war sie sehr reich verziert, mit allerlei Edelsteinen und Verzierungen und passte damit eher in ein Antiquitätengeschäft als einen Eiszapfen. Sie hatte etwa die Größe meiner Handfläche und fühlte sich warm an, trotz der noch anhaftenden Eisreste. Statt eines Schlosses gab es nur einen einfachen Verschluss, den man leicht öffnen konnte. Neugierig, wie ich war, tat ich das auch gleich. Im Inneren lag ein Brief und auf diesem Brief stand mein Name! Ich hatte in letzter Zeit viel Seltsames erlebt, aber das übertraf alles. Aber es konnte ja nicht schaden ihn zu lesen, oder? Einige Male war ich versucht, den Brief zurückzulegen, doch dann nahm ich all meinen Mut zusammen und öffnete ihn. Wie der Umschlag, so war auch das Briefpapier sehr edel und die Tinte leuchtete schwach:

Liebe Stella,
Da du nun diesen Brief in der Hand hältst, muss es Winter sein und du hast dein Schwingen bereits entdeckt. Ja, ich weiß davon, denn schon seit deiner Geburt steht fest, dass du die Letzte der Vier bist. Im Lauf der Zeit gab und gibt es viele Wandler, Wölfe, Pferde, Eulen, Wale und viele mehr. Keiner ist wie der Andere und doch verbinden sie verschiedene Merkmale. Du aber bist keine gewöhnliche Wandlerin. Deine Gestalt ist der Pegasus und von dieser Gestalt gibt es außer dir nur noch drei und alle sind sie weiblich.
Ob du Magie beherrschst? Das wirst du selbst herausfinden müssen. Ebenso, den Grund deiner Unruhe. Ein kleiner Trost: Auch die anderen drei fanden ihn.
Gib niemals die Hoffnung auf, eines Tages wirst du mich treffen und du wirst erkennen, welchen Weg du gehen wirst. Du bist schon weit gegangen, aber deine Reise hat erst begonnen.
Viel Glück.

»Deine Reise hat erst begonnen«, murmelte ich vor mich hin. Der Brief beantwortete mir zwar einige Fragen, aber wie das nun mal so ist im Leben: Es kamen noch viel mehr Fragen dazu. Was würde ich können? Wer war der Briefschreiber? Und was war der Grund für meine Unruhe? Wenigstens hatte ich jetzt die Hoffnung, dass sie irgendwann weichen würde. Und ich hatte Gewissheit, dass ich nicht die Einzige war, es gab noch andere auf dieser Welt. Noch etwas hatte der Brief ausgelöst: Zum ersten Mal seit Tagen war ich wirklich locker und entspannt, ja ich war sogar müde.

Der nächste Tag war Heiligabend und davor graute es mir jetzt erst recht. Ich hatte seit einer Woche nicht mehr mit Leon geredet, keine seiner zahlreichen Nachrichten gelesen und ließ mich am Telefon immer noch verleugnen. Eigentlich war ich nicht mehr sauer auf ihn, aber ich mied ihn trotzdem. Zwischen uns hatte sich etwas verändert, auch wenn ich nicht wusste, was. Jedoch war mir klar, dass nichts mehr so sein würde wie früher. Einerseits wollte ich ihn wiedersehen, und ich vermisste ihn auch, aber andererseits hatte ich einfach Angst. Angst, dass sich für ihn nichts verändert hatte oder nicht so wie für mich. Angst davor, dass er sauer war, weil ich nicht auf ihn gehört hatte. Und Angst, dass er jetzt öfter über mich bestimmen wollte. Je näher der Abend kam, desto nervöser wurde ich.

Als es Zeit war, zu Leon rüber zu gehen, wusste ich noch nicht wie ich mich verhalten sollte. Daran änderten auch Mamas ständige Ermahnungen, mich ja zu benehmen, nichts.

»Hallo, schön dass ihr da seid«, begrüßte uns Leons Vater herzlich und zu mir gewandt fragte er: »Wo warst du denn die ganze Woche über?«

»Ach, ich war viel draußen und zu Hause.«

»Leon wird sich bestimmt freuen, dich zu sehen.« Und kaum dass er den Satz zu Ende gesprochen hatte, stand Leon vor uns. Er gab zuerst meiner Mutter die Hand und fragte mich dann, ganz so als wäre nie etwas passiert: »Kommst du mit nach oben, Stell? Bescherung ist erst in einer Stunde.«

Was blieb mir anderes übrig, als meine Mutter die Geschenke in die Hand zu drücken und ihm zu folgen? Offenkundig wussten seine Eltern nichts von unserem Streit und ich wollte nicht diejenige sein, die es ihnen zeigte.

»Und wie hat deine Mutter reagiert?«, fragte er, indem er die Tür hinter sich schloss.

»Was geht das dich an? Tust so, als ob nichts wäre. Falls du denkst, dass ich hier auf Knien ankomme, dann hast du dich geschnitten«, fauchte ich zurück. Sein Verhalten machte mich wütend und traurig zugleich, am liebsten wäre ich einfach aus dem Raum gestürmt.

»Es tut mir leid.«

»Was tut dir leid?“

»Alles. Ich…ich habe mir echt Sorgen um dich gemacht.«

»Ich komm gut alleine klar, dafür brauche ich dich nicht«, antwortete ich, immer noch nicht bereit, ihm auch nur eine Handbreit entgegenzukommen. Meine Sturheit konnte ich nun mal nicht abschalten, wie es mir gefiel. Leider.

Offensichtlich hatte sich Leon die Versöhnung einfacher vorgestellt, jedenfalls fiel ihm erst mal nichts mehr ein. »Ich wollte dir dein Geschenk lieber hier oben geben. Nur für den Fall, dass du mir verzeihen kannst.«

Mann, wieso musste er dabei nur so süß aussehen. Meine Wut verrauchte erstaunlich schnell und so konnte mir auffallen, wofür ich sonst viel zu blöd war. Ich war nicht unruhig. Und plötzlich machte der Brief auch Sinn. Meine Unruhe rührte daher, dass ich in Leon verliebt war und im Grunde meines Herzens wusste, dass er der Richtige ist. Aber ich musste mich erst mit ihm streiten, um das zu kapieren. »Die Frage ist eher, ob du mir verzeihst. Ich hätte das alles nicht sagen sollen«, sagte ich leise.

»Keiner von uns hätte das sagen sollen.«

»Nein, hätte er nicht.« Schweigen. Dann, nach einer halben Ewigkeit ging Leon zu seinem Schreibtisch und holte ein zylinderförmiges Päckchen heraus, das er mir überreichte. »Ich wusste nicht, was ich dir schenken sollte, also hab ich mich dafür entschieden.«

Meine Hände zitterten leicht, als ich das Geschenk auspackte. In der Rolle befanden sich eine Rose und drei Bilder, die Leon selbst gemalt hatte. Ein Pegasus im Flug, ich auf seiner Fensterbank sitzend und dann noch wir beide, Händchen haltend. Zögernd strich ich über das Bild. »Es ist wunderschön«, sagte ich freudestrahlend.

»Ich wusste einfach nicht, wie ich dir sonst sagen soll, was ich für dich empfinde.« Er lächelte schüchtern und es war als hätten wir uns nie gestritten. »Was?«, fragte ich, obwohl ich genau wusste, was er meinte. Aber manchmal braucht der Mensch absolute Gewissheit, so wie jetzt. Leon setzte sich neben mich aufs Bett und nahm meine Hände in seine. »Ich liebe dich, Stella. Deswegen war ich so beschützend.« Aufgewühlt sah er mich an.

Und da begriff ich, wie blöd ich gewesen war, dem Gespräch mit ihm aus dem Weg zu gehen. Für ihn war das doch genauso neu wie für mich. Und er hatte diese Woche wahrscheinlich ähnliches durchgemacht wie ich.

»Ich liebe dich auch.« Mehr musste ich nicht sagen. Die wahre Magie liegt eben doch in der nonverbalen Kommunikation. Man spürt nur noch den Wunsch, sich zu küssen, aber kaum, dass sich unsere Lippen berührt hatten, rief Leons Mutter schon zur Bescherung.

Die silberne Schatulle habe ich bis heute immer bei mir. Neben dem Brief von damals liegen jetzt noch die Rose und ein Ring. Und egal was auch passiert, der Sonntag gehört nur Leon und mir. Und Mama? Sie blüht in ihrer Rolle als Oma auf, als hätte sie ihr ganzes Leben darauf gewartet, Enkeltöchter zu haben.

Über die Autorin dieser Geschichte

Katharina Rettig wurde 1996 in Bad Soden geboren. Zurzeit besucht sie die E-Phase der Taunusschule in Bad Camberg. Zum Schreiben kam sie durch eine Freundin und den Jugendwettbewerb des Vereins Autorentreff Bad Camberg e.V.

E i s z a u b e r

☆☆☆

Kalt ist es, zu Eis erstarrt,
sind Weiher und die Bäume.
Eisig glitzernde Kristalle,
auf Hecken und auf Zäunen.

Flocken rieseln leis und sacht,
die Welt erstrahlt im Winterkleid.
Es funkelt unter'm Sternendach,
der Gräser Schmuck im Winterreif.

Wie Funkelperlen gleich,
im Mondlicht auf den Feldern.
Glanz und Flitter in dem Reich,
der Wiesen und der Wälder.

Der kalte Zauber dieser Welt,
hält unser Herz gefangen.
Glöckchen läuten silberhell,
bei Rosen und den Tannen.

Gern träumen wir vom Feenreich,
uns macht die Herzen warm.
Schenkt uns Trost im Erdenreich,
vergehen muss aller Harm.

Chaos im Himmel Sektion Weihnachtsmann

Hans-Joachim Gellhaus

☆☆☆

»Meine lieben Himmelsbewohner, wir sind hier um den bedauernswerten Vorfall in Sachen Weihnachtsgeschenke so zu klären, dass es in Zukunft nicht noch einmal vorkommen kann. Fangen wir mit der EDV an«, eröffnete Bischof St.Martin das himmlische Treffen.

Engel Terra trat hervor. »Ja, für den 24. war eine …«

»Halt, lassen wir doch den Weihnachtsmann direkt beginnen.«

Der Weihnachtsmann ging bedächtigen Schrittes nach vorne zum Rednerpult. Seine Wangen glühten noch roter als rot.

»Im Himmel nichts Neues, das heißt: das Weihnachtsgeschäft verlief wie immer. Mehr Kinder waren zu beschenken, es gab größere Wünsche und weniger neue Engel als neue Kinder. Das Einsammeln der Wunschzettel und das Lesen und Verarbeiten dieser ging seinen gewohnten Weg, nur die Technik, die warf alles um.«

»So, so, die Technik«, raunte Terra.

»Moment, Moment, Engel Terra, wir sind hier im Himmel und hier herrscht absolutes Fair Play. Und Herr Weihnachtsmann, bitte formuliere deinen Satz etwas anders. Danke.«

»Sorry, also die Technik wird auch im Weihnachtsgeschäft immer mehr und mehr eingesetzt. Die Hauptlast liegt auf den Schultern sehr junger Engel, denen unsere tausendjährige Erfahrung fehlt. Gut zur Sache, denn die Zeit an einem Ort, an dem sie eigentlich stillsteht, schreitet schnell voran. Viele Emails, die von den älteren Kindern, sprich Kids, kamen, mussten gelesen und umgesetzt werden. Sie wurden immer und immer zahlreicher; wir hatten Stress.« Der Weihnachtsmann holte kurz Luft und fuhr weiter fort: »Der Transport zu den

weltnahen Wolken war im vollen Gange. Ich selbst half mit und war gerade zur Wolke Deutschland Rhein/Main unterwegs, da brummte mein Ipad mit dem Jingle Bells Song. Ich beschloss, das Lied ausnahmsweise einmal nicht zu Ende zu hören. Eine Email aus der EDV kam gerade an:
Regelmäßige Wartung am 24. von 12 bis 18 Uhr Greenwich time. Dies ist eine automatische Email, bitte nicht antworten.
Ich glühte vor Aufregung so toll, dass die Menschen in Europa dachten: heute gibt es das Abendrot sogar schon am helllichten Tage. Verdammt noch mal«, entfuhr es mir, und ihr wisst, was dann passiert? Na? Ja, ein Blitz löste sich und dieser schlug in Waldems in den Boden ein.«
Diese EDV, dachte ich, am 24.12. Wartung, das kann doch nicht wahr sein.

»Aber es ist doch seit Februar immer am 24. Wartung«, entfuhr es Terra.

»Kerle, Kerle. Soll etwa Weihnachten ausfallen«, antwortete der Weihnachtsmann und erzählte weiter: »Also ich war sehr erregt und suchte den himmlischen Frieden. Es war so schwer wie noch nie ihn zu finden. In Amerika und England komme ich als Santa Claus erst spät nachts, das müsste klappen, aber was mache ich mit den anderen Europäern? Ich rief den Nikolaus und Väterchen Frost an und redete mir meinen Frust von der sauberen Seele. Niko beruhigte mich und meinte das bekommen wir schon geregelt, es wären doch noch einige Tage Zeit und der Blitz hätte ja auch keinen Schaden angerichtet.« Da sollte er sich aber gewaltig geirrt haben.

Der Blitz segelte Richtung Deutschland, am großen Feldbergturm vorbei, um in einem kleinen Dorf namens Waldems-Esch in einem Hochbeet einzuschlagen.

Als die Bewohner des benachbarten Hauses nach Hause kamen, standen kurz danach die Schwiegereltern auf der Matte.

»Es hat einen riesigen Schlag gegeben und bei Euch im Hochbeet hat es gequalmt, aber gebrannt hat nichts. Wahrscheinlich ist dort ein Blitz eingeschlagen«, begann der Schwiegervater.

»Ein Blitz? Es hat doch gar nicht geregnet«, wunderte sich der Schwiegersohn.

»Nee«, entfuhr es dem Schwiegervater.

»Gehen wir mal nachschauen«, schlug die Tochter daraufhin vor. Es war nichts zu sehen, nur der Boden, der fühlte sich warm an und war irgendwie aufgelockerter als normal. Man ging wieder ins Haus zurück und war froh, dass nichts geschehen war.

Falsch! Im Inneren des Beetes hatte der Blitz den Boden so aufgewärmt, dass die überwinternden Tiere dachten, der Frühling käme. Diesen Teil des Beetes hatten sich einige Lamproziha spendidula, besser bekannt als Glühwürmchen, als Winterquartier ausgesucht. Bis zum nächsten Morgen hatten die Larven den Weg zur Erdoberfläche geschafft. Die Sonne schien und ein großes Fressen begann.

Am Abend schaltete die Familie des benachbarten Hauses die Weihnachtsbeleuchtung an und es blieb hell. Der Blitz hatte doch einen Teil der Beleuchtung zerstört und von der Lichterkette »Fröhliche Weihnacht Dezember 2012«, brannte nur noch Dezember 2012 in rotem Licht.

Die Glühwürmchen-Larven hatten sich die nächsten großen Blätter ausgesucht, um ihren Hunger zu stillen. Die Blätter hatten im Winter etwas gelitten und waren an den linken Seiten schon etwas zusammengerollt. Die Form der Blätter war so ähnlich wie die von Lindenblättern. Die Larven waren am rechten Rand von Blatt 1 und am oberen Teil von Blatt 2. Ein paar Zentimeter daneben, zeigten die Blätter nach rechts und die Würmchen hingen rund um die Außenkante von den Blättern 3 und 4 (nur die linke Seite blieb frei).

Der Blitz hatte einen Schutzmechanismus (Stress) der Larven ausgelöst und die Leuchtkraft der Larven war etwas stärker als gewöhnlich. Durch die zunehmende Dunkelheit wurde das Glühen der Larven immer besser erkennbar.
Ich (der Weihnachtsmann) war immer noch sehr erregt und hatte all meine Helfer zur größten Eile angetrieben. Die Schlitten der Rentiere waren voll beladen und alle Tiere hatten die höchste Gangart eingelegt.
Endlich hatte ich auch jemanden von der EDV an der Strippe.

»Sagen Sie mal, werden Sie von der Hölle bezahlt oder wie kommen Sie auf die Idee eine Wartung am 24. Dezember durchzuführen?«, eröffnete der Weihnachtsmann das Telefonat.

»Aber die Wartung findet immer an einem 24sten statt«, bekam er als Antwort vom EDV-Engel.

Ich holte tief Luft: »Junger Mann, schon mal gehört, dass ich am 24.12. Weihnachtsgeschenke ausliefere und nicht am 23. und nicht am 25. oder 26.?«

»Schon gut Herr Weihnachtsmann, ich rede mit dem Chef, ich denke, das lässt sich ein bisschen verschieben«, stotterte der EDV-Engel weiter.

»Ein bisschen! Denke gleich mit an Väterchen Frost – nur für Unwissende – am 6.1. ist sein, wie sagt man heute: Aktionstag«, knurrte der Weihnachtsmann anschliessend.

»Hallo, das brauche ich mir so im Himmel aber nicht sagen zu lassen«, erboste sich der EDV-Engel.

»Sorry, ich bin halt erregt«, gab daraufhin der Weihnachtsmann zu.

»Okay«, kam es aus der anderen Leitung.

»Gut, dann warte ich mal auf eine positive Antwort«, wollte der Weihnachtsmann das Telefonat beenden.

»Ach übrigens, Sie wissen doch, dass auch die Weltbewohner-Datenbank noch mal eben neu geladen werden muss«, nutzte der EDV-Engel die Gelegenheit.

»Wie, wo, was?«, antwortete der Weihnachtsmann.

»Naja, die Hundertmilliardengrenze wird überschritten und wir müssen den Schlüssel erweitern«, erkärte der EDV-Engel.

»Ist mir egal, ich brauche nur die aktuelle und da gibt es nur zirka 7,5 Milliarden. Menschen«, regte sich der Weihnachtsmann wieder auf.

»Herr Weihnachtsmann, die aktuelle und die komplette Datenbank sind miteinander verknüpft, da muss ich …«, antwortete der EDV-Engel

»Halt, stopp, ist mir egal, bitte sagen Sie Ihrem Chef ich kann keine Sekunde Zeit verlieren«, endete der Weihnachtsmann.

»Mach ich«, kam als letzte Antwort vom EDV-Engel

Ich war bis aufs äußerste erregt, rief nochmals alle Helfer zur Eile auf. Mein Zeitgefühl war vollkommen verwirrt. Ich war gerade kurz vor dem Wolkenlager Rhein/Main und schaute, wie meistens, Richtung Greenwich zur Weltuhr, die man so schön vom Himmel aus sehen konnte. Irgendwie landete mein Blick aber an der Stelle, an der wohl der Blitz eingeschlagen war, dort konnte ich nun etwas verschwommen 23. Dezember 2012 erkennen.

Heute weiß ich, die Glühwürmchen auf den Pflanzenblättern hatten die Zahl 23 erzeugt, egal, ich geriet nun endgültig in absolute Panik.

23.12. abends. Ich musste bald mit dem Ausliefern der Geschenke beginnen. Zuerst in den Osten. Die Kinder aus: Finnland, Polen, aus Teilen Russlands und aus der Ukraine und so weiter schwirrte es mir im Kopf herum, sollten die ersten Geschenke bekommen. Einige Fragen an die Helfer. Schon wieder trieb ich sie zur Eile an. Einige Engel schauten mich mit großen Augen an, aber keiner traute sich, etwas zu sagen.

Kaum war die Finnland-Wolke beladen, wollte ich loslegen. Engel Cyran sagte mir: »Da fehlen noch einige Wunschzettel.« Ich schaute ihn mit großen Augen an. »Ich muss jetzt ausliefern.«

Cyran hob die Schultern und sagte: »Dann eben nicht.«

»Später, später«, stammelte ich nur und fing an auszuliefern. Ich begann in Nordfinnland und beglückte die Osteuropäer mit der von mir bekannten Inbrunst und Freude.

Endlich erhielt ich einen Anruf von Väterchen Frost.

»Na hast du das mit der Wartung und der EDV geklärt?«, begann das Väterchen die Unterhaltung.

»Jein«, antwortete ich, »Terra wollte sich noch bei mir melden, wie viel Minuten sind es denn noch bis zur Wartung?«

»Minuten? Ach du liebe Güte, zwei Tage und zwei Stunden, denke ich«, gab nun Väterchen Frost von sich.

»Wie zwei Tage?«, fragte ich.

»Ja heute ist doch der 22.«, kam es vom erstaunten Väterchen Frost zurück.

»Der 22., Hilfe, ich habe schon Geschenke beschert in Osteuropa«, entglitt es mir aus dem Munde.

»Wieso denn schon heute?«, beendete Väterchen Frost das Gespräch.

Jetzt erst bemerkte ich, was ich für einen Mist gebaut hatte. Ich fiel fast von meinem Schlitten, der gerade nach Südpolen unterwegs war. Ich begann zu verstehen, brach meinen Flug ab, und lud euch zu dieser Dringlichkeitssitzung ein. Ein Raunen ging durch die Versammlung.

In Jyväskylä in Mittelfinnland wohnte der siebenjährige Mikka Kokslien. Längst hatte er seinen Wunschzettel geschrieben. Er wünschte sich ein Computerspiel namens VI-Game, um damit am Fernseher Bowling, Tennis und Boxen spielen zu können. Letztes Jahr zu Silvester hatte eine Freundin seiner Eltern dieses Spiel einmal mitgebracht. Mikka hatte es mit Begeisterung gespielt. Seine Eltern hatten aber Mikka erklärt, dass es so viel Leid auf der Welt gäbe und der Weihnachtsmann ja allen Kindern etwas schenken wollte. Schweren Herzens wünschte er sich einen Eishockeyschläger und einen neuen Helm in Größe 54, schrieb aber auf den Wunschzettel: Wenn noch viel Geld da ist, hätte ich gerne eine Vi-Station.

Eigentlich war Mikka sicher: Es gibt keinen Weihnachtsmann, aber nach dem der Wunschzettel schon in der selben Nacht von der Fensterbank verschwunden war, und die Mutter ihn auch noch fragte, ob er schon seinen Wunschzettel geschrieben hätte, da wurde er unsicher. Vielleicht gibt es doch einen Weihnachtsmann, aber an den Osterhasen, da glaubte er nicht mehr dran.

In dieser Nacht konnte er gar nicht gut schlafen, denn morgen gab es Ferien und bald war Weihnachten. Er wurde früh wach und schaute aus seinem Dachfenster. In Finnland war es sehr, sehr lange dunkel, aber was sah er da? War das eine Sternschnuppe? Nein, direkt vor seinem Haus hielt ein riesiger Rentierschlitten mit irgendetwas Rotem darauf und vielen bunten Paketen. War das der Weihnachtsmann? Er rannte herunter ins Wohnzimmer und tatsächlich, dort wo sonst der Weihnachtsbaum stand, da lagen mehrere Pakete. Er ging darauf zu und fand am ersten Paket einen Anhänger. Für Mikka, konnte er lesen.

Er rannte ins Schlafzimmer seiner Eltern und sagte: »Mama, Papa, der Weihnachtsmann war da, darf ich meine Pakete aufmachen?«
Die Mama öffnete die Augen und schaute auf den Wecker: 5:45 Uhr. »Mensch Mikka, du hast bestimmt geträumt, Weihnachten ist erst übermorgen, du bekommst schon noch deine Geschenke. Leg dich bitte wieder hin und schlaf noch, wir haben noch zwei Stunden Zeit bis zum Aufstehen, gehe bitte wieder ins Bett«, ermahnte ihn die Mama.

»Mama, wenn du mir nicht glaubst, darf ich dann die Pakete aufmachen?«, fragte Mikka.

»Na klar, gute Nacht Mikka«, wünschte die geduldige Mama. Der Papa brummelte auch noch etwas Unverständliches. Mikka ging zurück ins Wohnzimmer und Riss das große Paket auf. Es war eine Vi-Station mit einem tollen Sportpaket. Wow! Er strahlte, nahm das Paket und wollte es am liebsten gleich ausprobieren, aber er wusste, jetzt sollte er seine Eltern lieber nicht nerven. Er nahm das Paket mit hoch auf sein Zimmer, legte sich in sein Bett und schlief schnell ein.
In diesem Jahr war der Himmel in der Lage günstige Vi-Stations zu produzieren, denn Engel Zuse hatte nun kreative Unterstützung von Engel Jobs bekommen. Durch ein paar kleine Änderungen wurde die Station fast zu einem Billigheimer.

Mikka wurde um Punkt 7:45 Uhr von seinem lauten Wecker geweckt, blieb aber noch im Bett liegen. Auch Mama quälte sich ganz langsam ein paar Minuten später aus dem Bett. »Mikka, beeil dich, dein Bus geht in 30 Minuten.«

Mikka sprang auf, nein den Bus, den wollte er nicht verpassen. In aller Eile vergaß Mikka sogar sein Geschenk im Bett.

Der Bischof St. Martin übernahm wieder das Wort: »Heute würde man wohl sagen: „Dumm gelaufen!“ Aber wir hier brauchen nun eine schnelle Lösung. Hat jemand einen Vorschlag.«

»Erst mal die Ursache beseitigen«, warf ein Engel ein.

»Wie, was?«, fragte Engel Terra.

»Na die Wartung aussetzen«, rief ein anderer Engel.

»Ursache«, meldete sich Engel Terra, »der Fehler liegt ja wohl eindeutig beim Weihnachtsmann.«

»Stop. Meine lieben Himmelsbewohner, wir sind hier nicht auf der Erde und führen schon gar keinen Showprozess und überhaupt, hier gibt es das Wort Schuld nicht mehr. Und außerdem geht es hier ja wohl um eine Lösung des Problems«, moderierte St. Martin energisch.

»Na dann holen wir die Geschenke eben wieder zurück«, schlug der Engel Aloisius vor.

»Ja, das hört sich gut an«, kam es aus der Menge.

»Moment, Moment. Wir haben schon zirka sieben Stunden ausgeliefert, dort wo die Geschenke gelandet sind, ist helllichter Tag, was denkt ihr denn, wer uns dann alles sehen würde, das würde ganz viel Aufsehen erzeugen«, knurrte der Weihnachtsmann.

»Zu früh gelieferte Geschenke wohl auch?«, warf ein anderer Engel in den Raum.

»Ja«, knirschte der Weihnachtsmann. Stille im Raum.

»Hm, was können wir tun? «, fragte St. Martin und schaute in die Runde.

»Ich denke, wir sollten Petrus mal anfragen lassen, ob er sich vom lieben Gott eine Lösung geben lässt«, stellte die heilige Sophie in den Raum. »Wenn ich mich Recht erinnere, hatten wir mal ein Problem, dass sich ein Papst um sechs Jahre verrechnet hat, wir entschlossen uns dem lieben Gott das Problem vorzutragen und der sagte in seiner Weisheit: »Ja die Kirche macht auch Fehler und dazu kann sie ruhig stehen. Was sind schon sechs Jahre!«

Wieder Stille im Saale, niemand sagte mehr etwas.

»Gut«, sagte St. Martin nach einiger Zeit. »Da wir keine bessere Lösung haben, übergeben wir Petrus das Problem und warten auf die göttliche Lösung. Ach übrigens: Die Wartung findet diesen Monat nicht statt! Um das vorab zu klären.«
Engel Terra zog es vor zu schweigen.

St. Martin ging zu Petrus und erzählte ihm schnell die Geschichte. Petrus schaute Martin an, runzelte seine Stirn und sagte: »Ich glaube, das ist ein wichtiges Problem, da werde ich mal mit Gott reden.«

Petrus trug Gott das Problem vor. Der schaute Petrus an. »So, so, ein Problem auf dem Planeten Erde, weil Geschenke zu früh angekommen sind. Die Menschen sollen an dem Tag an die Geburt Jesus, meines Sohnes denken und nicht schenken.« Petrus seufzte laut.

»Petrus, ich sehe, das hat mal wieder etwas mit der Glaubwürdigkeit zu tun, oder?« Petrus nickte. »Na gut, ich drehe die Erde um einen Tage zurück, schalte solange die Gedanken aus, nur ein paar Millionen Gedanken werden verwirrt sein.«

»Danke Herr«, sagte Petrus und gab die gute Nachricht weiter.

Im Himmel war wieder alles in Ordnung, nur die Wartung, die war ausgesetzt und der Weihnachtsmann glühte weiterhin mehr denn je. Und auf der Erde, da war das ein seltsamer Tag.
Einige Menschen hatten das Gefühl den nächsten Schritt schon mal getan zu haben.

Ein Mann wollte seine Mutter besuchen, weil der letzte Besuch bei ihr eigentlich schon lange her war. War ich denn gestern dort, fragte er sich. Er schaute in seinen Terminplaner: Mama 21.12., 20 Uhr. Er fuhr los. »Hallo Mama, wie geht es dir?«, fragte er bei seiner Ankunft.

»Gut, schön, dass du mich wieder mal besuchst, es ist ja schon lange her, aber irgendwie kommt es mir vor als wäre das erst vorgestern gewesen.«
So und ähnlich erging es vielen Menschen; jedoch ohne dass sich irgendwer hundertprozentig sicher war.

Mikka in Jyväskylä, dachte an Weihnachten und an seinen Wunschzettel. Irgendwie hatte er das Gefühl, dass er doch eine Vi-Station zu Weihnachten bekommen würde. Oder lag da nicht eine in seinem Bett. Schnell rannte er in sein Zimmer und schaute unter die Bettdecke. Da lag kein Paket. Er lief runter ins Wohnzimmer und suchte nach den Geschenken. Es war nichts zu sehen. »Mama, lagen da keine Geschenke?«

»Geschenke, was für Geschenke. Mikka träumst du schon wieder? Hattest du nicht neulich schon mal so einen Traum, dass die Geschenke schon Tage früher angekommen waren?«

»Nein, ich kann mich nicht erinnern«, log Mikka. Irgendwie war er nun sicher, dass er die Vi-Station schon mal hatte und er beschloss: Die drei Tage kann ich nun noch geduldig warten. Er war der liebste Junge der Welt, zumindest für die drei Tage und er freute sich auf Weihnachten.

Über den Autor dieser Geschichte

Hans-Joachim Gellhaus wurde 1957 in Witten im Ruhrgebiet geboren, wuchs auch dort auf, ehe er 1981 aus beruflichen Gründen nach Hessen zog. Er lebt nun in Waldems-Esch, ist verheiratet und hat eine Tochter.
Er schreibt seit ca. 10 Jahren, aber so richtig erst, seit 4 Jahren als er mit dem zweiten Buch, dem Thriller: »Heiße Steine«, begann.
Das moderne Computer/Sportmärchen: **»Die Wunschtaste«** hatte er vorher für sich geschrieben und wurde dann bei der Besprechung für eine Lesung des Thrillers von einer Bibliothekarin überredet dieses Märchen doch zu veröffentlichen, was er dann auch gerne tat.
Manchmal träumt er Teile seiner Geschichten und ergänzt den »Rest« aus Erlebtem, Recherchiertem und aus der Phantasie.

Bestellen kann man beide Bücher bei sah.gellhaus@web.de
Den Thriller gibt es auch im Internet-Buchhandel
Seine Homepage mit einigen Informationen heißt:

hajogellhaus.jimdo.com

Die schienst Zeit im Joah

☆☆☆

Wievill Gedischde un Gescischde
sinn schunn geschriwwe iwwä die Windäzeit,
doageschdellt als Schreckgeschbenst,
nuä wails doo kalt is un efdäsch schneit!

Doach is des eischentlisch nitt wuä,
des de Windä is immä schroo.
De Windä is die schienst Joahreszeit,
des muss isch wäklisch häi moo soo:

Im Windä wädd die Sau geschloacht,
wänn Schloachtfesde iwwäall gehalle
un vill giehn de läibst off de Weihnoachtsmaat,
wenn voom Himmel die Flogge falle!

Noo Niggeloos kimmt Weihnoachde,
gefaijät wädd gään des gruuße Fest,
wuu mä im Kreis voo de Familie
sisch gään en Gans daa schmecke lesst!

Un doodroff kimmt Silvesdä daa,
des alde Joah gieht daa ze End.
Im Joah is des die aanzisch Noacht
wuu Feuäwäkk de Himmel ähellt!

Un aach bei Kelt un Schniegeschdööbä
freut mä sisch off die Fassenoacht,
daa wänn bei uss im ganze Land
gruuße un klaane Maskebell gemoacht!

Suu is de Windä kaa Schreckgeschbenst,
naa, es is die schienst Zeit iwwä zwaa Joahn,
deshalb blaib isch im Windä aach de Hamm
un doun doo nitt in Uälaab foahn!

De Windä is die fröhlischst Zeit,
aach muss mä doo nitt schwitze
un wenn friät daa dout mä gään
e bisje ingä met annän sitze!

Weihnachtszeit

☆☆☆

Es war kurz vor der Weihnachtszeit,
ich ging die Großstadtstraße einsam entlang,
als in dem Lichtermeer um mich her
ein Mädchen plötzlich vor mir stand.

Ich fragte es nach seinem Namen
und lud es ein zu mir nach Haus,
doch zwei traurige Augen mich ansahen
und bittend sprach es dann heraus:

Schenk mir eine Sonne, die für mich scheint,
schenk mir einen Menschen, der um mich weint,
schenk mir eine Hand, die mich berührt,
weil ohne dies alles es kein Leben gibt.

Und an der nächsten Ecke,
da sah ich einen Alten steh`n.
Zu Boden gewandt waren seine Blicke,
er wollte nicht mehr den Himmel seh`n.
Auch ihn fragte ich nach seinem Namen
und meinte, die Welt sei doch so schön,
doch zwei müde Augen mich ansahen
und dann sprach er im weitergeh`n:

Schenk mir einen Ofen, der für mich glüht,
schenk mir einen Menschen, der mich berührt,
schenk mir eine Blume, die für mich blüht,
weil ohne dies alles es kein Leben gibt.

Nun sah ich nicht mehr der Lichterglanz
so grell und bunt wie erst zuvor,
bedeckte mir jetzt Kopf und Hals
und ging jetzt schneller, denn ich fror:

Schenk mir eine Rose, die für mich blüht,
schenk mir eine Hand, die mich berührt,
schenk mir eine Sonne, die für mich scheint
und einen Menschen, der um mich weint,
schenk mir ein Herz, welches mich nur liebt,
weil ohne dies alles es kein Leben gibt!

Über den Autor dieser Gedichte

Peter Makamul ist 1948 in Kirberg geboren und hat lange in Wiesbaden gelebt. Nach dem Studium der Architektur hat er in verschiedenen Berufen gearbeitet und war über 30 Jahre Croupier der Spielbank Wiesbaden.
Heute ist Makamul nicht mehr berufstätig und lebt in Hünfelden - Kirberg.
P. Makamul schreibt seit seinem 17. Lebensjahr Gedichte und Kurzgeschichten. Bekannt wurde er mit seinen Mundartgedichten.
Sein Buch **»Neues aus Quetschebach«** ist im Mai 2012 erschienen!

Wohlverdienter Ruhestand

Rita Hajak

☆☆☆

In den hinteren Räumen der kleinen Bankfiliale in Erbach ging die Abschiedsfeier für Alexander Richter zu Ende. Auf diesen Tag hatte er lange gewartet. Seine Kollegen schlugen ihm zum Abschied wohlwollend auf die Schulter. Seine Kollegin Karin nahm ihn in den Arm. Er sah, dass sie Tränen in den Augen hatte. Seit fünfundzwanzig Jahren arbeitete sie mit ihm in dieser Bank.

Er ging ein letztes Mal durch die Räume und warf einen traurigen Blick auf seinen Schreibtisch. In seinem Magen rebellierte es, und er verspürte eine leichte Übelkeit. Ob es vom Sekt kam oder von der Erkenntnis, dass das hier das Ende eines langen Arbeitslebens bedeutete, wusste er nicht. Noch nicht.

Er hatte es auf einmal eilig und verabschiedete sich, bevor er sentimental wurde. Mit dem Bus fuhr er nach Bad Camberg. Zuhause setzte er sich in den Sessel und schaute gelangweilt aus dem Fenster. Sein Blick schweifte in die Ferne. Klara, seine Frau kam vom Einkaufen zurück und begrüßte ihn freudig. Er brachte jedoch kein Lächeln zustande.

»Was ist, Alex, war es keine schöne Feier?«

»Doch Klara, aber es ist ein merkwürdiges Gefühl, nicht mehr zur Arbeit gehen zu müssen. Ich fühle mich wie ausgestoßen.«

»Du wirst dich daran gewöhnen. Suche dir ein Hobby«, meinte seine Frau leichthin. Er gab keine Antwort, zuckte nur mit den Schultern.

Das war im Herbst. Inzwischen war es Winter geworden, aber nur auf dem Kalender. Draußen schien die Sonne bei fast 15 Grad und das im Dezember. Alexander saß mit seiner Frau Klara beim Frühstück.

»Was hast du heute vor?«, fragte sie ihn.

»Ich weiß es nicht«, antwortete er. »Vielleicht fahre ich nach Frankfurt und mache einen Stadtbummel. Da kann ich gleich ein paar Weihnachtsgeschenke einkaufen.«

Klara lachte. »Kauf nicht zu viel. Es gibt nur Kleinigkeiten. Wir sind alle erwachsen. Auch deine Tochter möchte nicht, dass zu viel Geld ausgegeben wird. Besorge etwas Schönes für deinen Enkel und deinen Schwiegersohn. Für Sara habe ich bereits ein Geschenk.«

Alexander nickte. Er hatte das mit dem Stadtbummel nur so dahin gesagt, weil er wieder einmal nicht wusste, was er unternehmen sollte. Er fuhr fast jeden Tag in die Stadt und lief ziellos umher. Was sollte er auch sonst tun? Anfangs hatte er Klara im Haushalt geholfen oder Einkäufe gemacht. Aber das füllte ihn nicht aus.

Er hatte sich das Rentnerleben anders vorgestellt. Lebhafter, voller Elan. Aber Elan wofür? Vielleicht für Reisen oder Theaterbesuche? Er hatte es des Öfteren vorgeschlagen. Doch Klara wehrte jedes Mal ab. »Lass es uns zuhause gemütlich machen«, sagte sie, »ich koche uns was Leckeres.«

Später saßen sie dann schweigend vor dem Fernseher.

Alexander fühlte sich nutzlos und überflüssig. Bei seiner Frau war das etwas anderes. Sie ging in ihrem Haushalt auf, schwätzte mit der Nachbarin oder telefonierte mit der Tochter. Er spürte, dass sich etwas ändern musste. Er nörgelte nur noch herum, und es war nicht zu übersehen, dass Klara sich ärgerte.

»Ich kann dich verstehen, aber lass deine schlechte Laune nicht an mir aus«, meinte sie erbost. Er nahm sich zusammen und redete kaum noch mit ihr. Der Haussegen hing schief.

Es war eine Woche vor Weihnachten. Der Winter kam über Nacht und brachte eisige Kälte mit sich. Alexander verabschiedete sich früh morgens von seiner Frau, wunderte sich jedoch über ihren sonderbaren Blick.

Er fuhr nach Frankfurt in seine geliebte Innenstadt und schlenderte durch die vorweihnachtlich geschmückten Einkaufspassagen. Hier und dort gab es einen Stand, an dem Glühwein verkauft wurde. Überall hingen Lichterketten, die Schaufenster waren festlich dekoriert, und es duftete nach Lebkuchen und weihnachtlichen Gewürzen.

Rief da nicht jemand seinen Namen? Erstaunt drehte er sich nach alles Seiten um. Dann sah er sie. Karin, seine ehemalige Kollegin. Er winkte. Sie kam auf ihn zugelaufen und umarmte ihn. »Was für ein Zufall!«, rief sie begeistert. Die Wiedersehensfreude war groß. Alexander lud Karin auf einen Glühwein ein. Er erfuhr, dass auch sie die Bank inzwischen verlassen hatte, geheiratet hat und in Frankfurt lebte. Dass sie sich das getraut hatte nach ihrer Scheidung vor einigen Jahren, erstaunte ihn.

»Nun schau mich nicht so an«, meinte sie lachend. »Mir geht es gut. Ich bin glücklich.«

»Entschuldige, ich freue mich für dich. Es kam nur so überraschend«, entgegnete er. »Aber du hast ja recht. Zu zweit lebt es sich besser.«

Karin nickte zustimmend. »Und du? Bist du zufrieden?«

Er machte ein Gesicht, als hätte er auf eine Zitrone gebissen.

»So schlimm?«, fragte sie.

»Schlimmer«, antwortete er. »Es wird nicht mehr lange dauern und Klara erteilt mir Hausverbot. Ich nerve sie ganz schön. Ich sage dir, dieses Nichtstun, morgens aufwachen und kein Ziel vor Augen zu haben, ist nicht erstrebenswert.«

»Da muss ich dir recht geben. Du bist immer noch übereifrig«, sagte sie und grinste dabei. Alexander bemerkte, dass sie ihn musterte.

»Siehst gut aus.« Sie hob ihr Glas und prostete ihm zu.

»Danke, das Kompliment gebe ich dir gerne zurück.«

Karin schaute ihn freundlich an. »Warum fährst du mit deiner Frau nicht ein paar Tage in Urlaub? Vielleicht sogar über Weihnachten. Das wäre ein ganz neues Erlebnis. Mein Mann und ich haben letztes Jahr die Weihnachtstage auf Teneriffa verbracht. Es war traumhaft. Lass es dir durch den Kopf gehen«, riet sie ihm.

»Klara würde mich umbringen, wenn ich ihr so einen Vorschlag machen würde. Sie lässt doch unsere Tochter und das Enkelkind an Weihnachten nicht alleine.«

»Das müsst ihr entscheiden, Alexander. Ich muss jetzt gehen«, sagte sie. »Warum kommst du nicht mit. Mein Mann hat ganz in der Nähe einen kleinen Buchladen. Da kannst du ihn gleich kennenlernen.«

»Ich weiß nicht. Eigentlich müsste ich nach Hause. Klara wird schon auf mich warten. Ein anderes Mal vielleicht.«

»Es dauert nur ein paar Minuten. Nimm doch die nächste Bahn«, meinte Karin und schaute ihn strahlend an.

Alexander ließ sich überreden. Er wollte Karin nicht vor den Kopf stoßen.

»Also gut, eine halbe Stunde kann ich noch anhängen«, sagte er.

»Fein, Georg wird sich freuen. Vielleicht hat er sogar eine Aufgabe für dich.«

»Einverstanden«, entgegnete er und bot ihr charmant den Arm. Sie hakte sich bei ihm unter, und lachend gingen sie die Straße entlang, in der sich der Laden befand. Sie sahen nicht die Frau, die hinter einer Säule stand und ihnen mit tränenverschleiertem Blick nachschaute.

Klara wandte sich enttäuscht ab. Sie erreichte gerade noch die S-Bahn, die sie zum Hauptbahnhof brachte. Mit dem Zug fuhr sie nach Hause.

Deshalb treibt er sich ständig in der Stadt herum. Er hat eine andere gefunden, dachte sie aufgebracht. Dabei liefen ihr die Tränen über das Gesicht. Klara hatte die Frau nur von hinten gesehen. Sie konnte sie nicht erkennen. Es war Jahre her, als ihr Karin vorgestellt wurde.

Zuhause packte sie weinend einen kleinen Koffer und rief ihre Tochter Sara an. Sie erzählte mit knappen Worten, was sie gesehen hatte. Sara wollte es nicht glauben. Aber sie war einverstanden, dass ihre Mutter erst einmal zu ihr kam. Klara bestellte sich ein Taxi. Sie sah ihren Mann gerade noch die Straße herauf kommen, als sie einstieg.

Alexander öffnete die Haustür und rief nach seiner Frau. »Klara, wo bist du?« Er wunderte sich. Es war noch nie vorgekommen, dass sie abends nicht zuhause war. Er machte sich Sorgen. In der Küche auf dem Tisch lag ein Zettel. Er verstand die Worte nicht, die darauf standen. ›Ich mache dir den Weg frei.‹ Was hatte das zu bedeuten? Er grübelte, war sich jedoch keiner Schuld bewusst. Kurz entschlossen nahm er sein Handy und rief seine Tochter an. Sie wohnte nicht weit entfernt. Klara konnte nur zu ihr gefahren sein. Sara verhielt sich freundlich, aber zurückhaltend.

»Was ist denn los mit euch?«, wollte er aufgeregt wissen.

»Wenn du es nicht weißt«, gab seine Tochter zur Antwort.

»Ja, seid ihr denn alle verrückt geworden? Gib mir deine Mutter!«

»Sie will nicht.«

»Dann komme ich.«

»Bitte, Papa, lass ihr etwas Zeit. Sie meldet sich bei dir. Sie möchte dich nicht sehen«, sagte Sara und legte den Hörer auf.

Eine halbe Stunde raste Alexander wie ein wild gewordenes Tier in der Wohnung hin und her.« Soll sie doch machen was sie will, dachte er wütend.

Am nächsten Morgen stand Alexander wie gerädert auf. Er hatte kaum geschlafen. Er konnte sich nicht erklären, was plötzlich in Klara gefahren war. Sie war doch sonst eine kluge Frau. Es muss etwas vorgefallen sein, von dem er nichts ahnte. Er schaute auf die Uhr. Es war kurz nach neun. Er rief seine Tochter an.

»Papa, was willst du schon wieder? Wir sind beim Frühstücken«, sagte Sara vorwurfsvoll.

»Ach so, ihr sitzt gemütlich beim Frühstück, und ich sitze hier einsam und verlassen und weiß nicht, worum es geht. Will deine Mutter Weihnachten bei dir feiern, ohne mich? Was sagt denn mein Enkelsohn dazu?«

»Gut Papa, ich werde noch einmal mit ihr reden. Bis dann.« Sie hatte aufgelegt. Er wartete eine geschlagene Stunde und nichts tat sich. Alexander hielt er es nicht länger aus. »Das lasse ich mir nicht bieten«, schimpfte er.

Wütend zog er seinen Mantel an, fuhr den alten Benz aus der Garage und machte sich auf den Weg zu seiner Tochter. Es hatte angefangen zu schneien. Er musste langsam fahren, denn der Wagen besaß keine Winterreifen.

Mutter und Tochter hatten ihn anscheinend erwartet. Klara hatte ein verheultes Gesicht, als er eintrat.

»Was ist passiert? Bitte, kläre mich auf«, sagte Alexander ahnungslos. Er gab seiner Tochter einen Wink das Zimmer zu verlassen.

Jetzt weinte Klara wieder. »Meinst du, ich wüsste nicht, wo du jeden Tag hingehst? Du hast eine Freundin. Seit Tagen redest du kaum ein Wort mit mir. Ich bin dir anscheinend nicht mehr gut genug!«

Schweigend hatte er ihr zugehört. »Wie kommst du darauf, so etwas zu behaupten?«, fragte er und blickte sie entsetzt an. Klara erzählte, dass sie ihn mit dieser Frau Arm in Arm gesehen hatte. Als Alexander anfing zu lachen, boxte sie ihm wütend mit der Faust in die Brust. Er nahm sie in seine Arme, obwohl sie sich ihm entziehen wollte.

»Du bleibst jetzt hier, du Schäfchen. Was denkst du dir eigentlich? Die einzige Frau auf dieser Welt, die ich liebe, bist du.«

Nachdem er ihr von Karin und ihrem neuen Mann Georg erzählt hatte, strahlte Klara. »Es tut mir so leid, dass ich dich verdächtigt habe. Ich glaube, wir müssen unser Leben ein wenig ändern«, flüsterte sie glücklich.

»Wir sollten etwas unternehmen, verreisen oder sonst etwas Aufregendes tun«, meinte auch Alexander. »Zum Rumsitzen sind wir wirklich noch zu jung.«

»Ja, mein Lieber, ich stimme dir voll und ganz zu.« Klara küsste ihren Mann auf den Mund. Er hielt sie einen Moment fest umschlungen. Klara schaute ihn von der Seite an. Er sah noch verdammt gut aus mit seinen grau melierten, vollen Haaren und den wachen, blauen Augen. Er war groß und schlank. Ein toller Mann. Wie schön, dass es ihr Mann war.

»Es sind nur noch drei Tage bis Heiligabend, Klara. Ich muss noch einmal in die Stadt, habe noch ein Geschenk vergessen. Ich bleibe nicht lange.«

»Mach das, Schatz. Wenn du zurück bist, überlegen wir uns, was wir heute noch unternehmen könnten.«

»Liebes, warum fährst du nicht mit? Wir bummeln durch die Stadt und trinken bei »Wichers« gemütlich Kaffee.«

»Gute Idee, Alex, ich bin gleich fertig!«, rief sie erfreut. Alexander schmunzelte. Wie schnell doch Missverständnisse aus der Welt geräumt sind.

»Ich bin soweit.« Klara stand vor ihm.

»Hübsch siehst du aus, Schatz«, stellte er anerkennend fest und küsste ihre rot bemalten Lippen.

Sie fuhren mit dem Zug nach Frankfurt und mit der U-Bahn in die Innenstadt. Alexander begleitete Klara zum Café Wichers.

»Suche einen schönen Platz. Mich musst du für zehn Minuten entschuldigen. Ich besorge rasch das Geschenk.« Sie nickte.

Es dauerte tatsächlich nicht lange, bis er zurückkam. Klara hatte Kaffee bestellt. Den Kuchen suchten sie sich gemeinsam an der Theke aus. Auf den Tischen standen kleine Adventsgestecke mit Kerzen. Es war warm und gemütlich und roch nach süßen Köstlichkeiten.

»Karins Mann hat mir eine Arbeit angeboten«, erzählte Alexander. »Er könnte eine Ladenhilfe gebrauchen. Zwei Mal in der Woche, wenn Karin frei hat. Für etwa fünf Stunden. Ich habe zugesagt.«

»Das ist doch toll, Alex, dann hast du endlich wieder eine Aufgabe.«

»Schön, dass du es so siehst.« Er war zufrieden. »Wo feiern wir dieses Jahr Weihnachten? Bei Sara oder bei uns?«, fragte er.

»Sara möchte, dass wir zu ihr kommen.«

Am Morgen des Heiligen Abend war alles zugeschneit. Die kleine Straße in Bad Camberg sah wie verzaubert aus. Von hier aus konnte man über die schneebedeckten Felder zur Kreuzkapelle schauen. Die Wetterlage war passend zum Fest, aber ungeeignet zum Autofahren. Alexander konnte von Glück sagen, dass seine Tochter nur acht Kilometer von ihnen entfernt wohnte. Das würde er mit seinem Benz sicherlich schaffen. Dennoch hatte er sich am Tag zuvor Winterreifen aufziehen lassen.

Saras Weihnachtsbaum war wunderschön. Geschmückt vom Boden bis zur Decke mit bunten Holzfiguren, roten und goldenen Äpfeln, Strohsterne und Süßigkeiten. Klara stellte selbst gebackene Plätzchen bereit und verschwand wieder zu Sara in die Küche.

Alexander saß mit seinem Schwiegersohn und seinem Enkel im Gästezimmer auf dem Fußboden. Sie hatten eine riesige Eisenbahnanlage aufgebaut und schauten begeistert der Dampflok zu, wie sie über die Schienen ratterte.

Alle schnupperten genüsslich, als Klara den Rehbraten, die Klöße und den Rotkohl auf den Tisch stellte. Diese Tradition hatte sie von ihrer Großmutter übernommen. Sie saßen beieinander, aßen, erzählten, lachten und schauten immer wieder zu dem herrlichen Weihnachtsbaum, dessen Kerzenlichter funkelten.

Die Bescherung war längst vorüber. Enkel Timo lag zufrieden in seinem Bett und schlief. Alexander und Klara verabschiedeten sich. Sie dankten ihrer Tochter und ihrem Schwiegersohn für diesen schönen Abend.

Es war kurz nach Mitternacht, als sie nach Hause kamen. Um das Fest harmonisch ausklingen zu lassen, zündeten sie einige Kerzen an und tranken ein Glas Wein.

Endlich konnte Alex seiner Klara den Umschlag überreichen, den er für diesen Moment zurückbehalten hatte.

»Noch ein Geschenk?« Klara tat erstaunt, zog das Schreiben heraus und las. Dann sprang sie auf und umarmte ihren Mann.

»Das ist ja wunderbar, Alex, eine Reise nach Teneriffa, nur wir beide, und dass bereits im Januar. Ich fasse es nicht!«, rief sie erfreut. »Ich danke dir.« Sie küsste Alex übermütig.

»Freust du dich wirklich darüber?«, fragte Alexander unsicher.

»Aber ja, Lieber, lass uns endlich auf Reisen gehen und unser Leben genießen.«

Begehren

☆☆☆

Dich begehren,
wie ein Schmetterling
sanft berühren
deinen Duft einatmen
dich verführen
deinen Körper
auf meiner Haut spüren
der Wind trägt uns fort
wir fliegen
auf einer Woge dort
im Taumel der Glückseligkeit
angetrieben von unserer Liebe
die uns Flügel verleiht

Über die Autorin dieser Kurzgeschichte

Rita Hajak wurde im Winter 1950 in Frankfurt am Main geboren. Nach der Schule absolvierte sie eine Ausbildung zur Anwalts- und Notariatsgehilfin.
Als ihre Kinder noch klein waren, begann sie Geschichten und Gedichte zu schreiben, von denen einige in Zeitschriften veröffentlicht wurden. Als die Kinder zur Schule gingen und R. Hajak wieder berufstätig wurde, geriet das Schreiben in den Hintergrund.

Ein mehrjähriger Aufenthalt auf der Insel Fehmarn an der Ostsee, brachte die Autorin dem Schreiben wieder näher.
Inzwischen ist sie mit ihrem Ehemann und ihrem kleinen Hund in ihre Heimat nach Hessen in den Taunus zurückgekehrt.

Einige ihrer Kurzgeschichten sind u.a. im Kelter- und Rowohlt Verlag erschienen. Vier Bücher hat die Autorin veröffentlicht. Zwei davon sind Krimis aus der Region mit dem Titel: **»Mord im Hexenturm«** und **»Auch Engel, können sterben«**
Zurzeit schreibt sie an einem neuen regionalen Krimi.

Besuchen Sie meine Internetseite: www.ritahajak.de

Weihnachtsfreude!

☆☆☆

Kinderlachen uns jetzt freut,
nun ist wieder Weihnachtszeit.
Des Eises Sterne sind gestreut,
Schnee, soweit das Auge reicht.

Funkelnd Licht uns Freude schenkt,
schöne Gaben unterm Baume liegen.
Silberschmuck den Baum bekränzt,
Zweige sich vom Schmucke biegen.

Nachbars Not im Lichte scheint,
gerne wir ihm Gaben bringen.
Durch Nächstenliebe sind geeint,
heilig' Lieder wir jetzt singen.

Der Tisch von Armen ist oft leer,
soll zum Geben uns ermahnen.
Weihnachtsfreude kommt einher,
uns ergreift ein leises Ahnen.

Für Christen jetzt ist hohe Nacht,
das Herz erwärmt und Liebe bringt.
Der „Herr“ uns Segen hat gebracht,
„Stille Nacht“ zum Himmel klingt.

Ohne viele Worte

Marcel Weyers

☆☆☆

Ich öffne die Terrassentür und eile die drei Stufen hinunter in den Garten. Eine einzelne Schneeflocke landet direkt auf meiner Nase und ich mache meinen Mund auf, um die nächsten mit meiner Zunge aufzufangen. Tagelang hatte ich darauf gewartet. Es war seit Wochen eiskalt draußen, doch es hatte noch nicht geschneit. Ich schaue hinauf zum weißen Himmel und nun werden es immer mehr. Lange würde es nicht mehr dauern, bis wir den ersten Schneemann bauen können. Ich höre eine Stimme und bemerke, dass der Nachbarsjunge ebenfalls nach draußen gekommen ist. Ich sehe ihn und seine Mutter im Garten, direkt hinter unserem Zaun. Er begegnet meinem Blick und schaut schnell wieder weg. Sein Gesicht ist rot. Sicherlich von der Kälte. Ich werde aus meinen Gedanken gerissen, als meine Mutter am Küchenfenster klopft und mich hineinruft. Abendessen ist fertig. Gerne wäre ich noch etwas länger draußen geblieben, doch es ist sowieso kalt und es würde noch ein paar Stunden dauern, bis der Schnee hoch genug ist, um damit zu spielen. Ein letzter Blick über den Zaun, und ich verschwinde nach drinnen ins Warme. Der Geruch von selbst gemachten Pfannenkuchen und Tee steigt mir in die Nase.

Nach dem Essen ist es zu dunkel, um noch einmal hinauszugehen, behauptet meine Mutter. »Morgen ist auch noch ein Tag,« sagt sie.

Widerwillig mache ich mich fertig fürs Bett, putze meine Zähne und ziehe meinen Schlafanzug an. Bevor ich mich schlafen lege, schaue ich noch einmal aus dem Fenster. Der Garten ist inzwischen komplett unter der weißen Pracht verschwunden und nur noch unser kleines Gartenhäuschen schaut mit einem verschneiten Dach heraus. Schnell verschwinde ich unter meiner Bettdecke und schlafe kurz darauf ein, in Vorfreude auf den morgigen Tag.

Der Morgen kommt schneller als erwartet, und als ich aufwache, bemerke ich, dass es aufgehört hat, zu schneien und die Sonne scheint. Nach einem schnellen Frühstück stürze ich mich sofort nach draußen in die verschneite Winterwelt. Der Schnee ist sauber und unberührt. Ich hinterlasse als Erstes meine Fußabdrücke. Auf dem Weg zur Mitte des Gartens sehe ich den Nachbarsjungen wieder am Zaun stehen. Ich lächle ihn an und es scheint, als wolle er, dass ich zu ihm rüberkomme.

Ich gehe an den Zaun. Er lächelt mich an und hält mir einen Lebkuchen hin. Dankend nehme ich an und beiße sofort ein Stück ab. »Wie heißt du eigentlich?«, frage ich ihn. Sein Lächeln verschwindet und er macht einige Bewegungen mit seinen Händen. Sofort wird es mir klar. Der Nachbarsjunge, den ich zuvor immer nur aus unserem Garten heraus beobachtet habe, war stumm.

»Ich verstehe…«, sage ich leise, doch dann kommt mir eine gute Idee. »Wollen wir einen Schneemann bauen?« Er nickt aufgeregt und grinst noch mehr als zuvor. Ich klettere über den Zaun in seinen Garten und er schaut mich erstaunt an.

»Was ist denn?«, frage ich grinsend, »ich habe eine Eins im Sportunterricht fürs Klettern bekommen.« Ohne zu zögern, fange ich an, die erste Schneekugel zu rollen. Kurz darauf macht er es mir nach. Es dauert nicht lange, bis wir zwei große, runde Kugeln geformt haben. Seine ist kleiner, aber das macht nichts, da wir sie sowieso auf die größere heben müssen.

»Bereit?«, frage ich ihn, als wir uns darauf vorbereiten die Schneekugel auf die andere zu befördern.

Er nickt entschlossen.

»Also dann auf drei! Eins, zwei, drei!« Mit einem Mal heben wir sie hoch. »Perfekt!«, rufe ich, als die Kugel direkt auf der

Mitte der anderen sitzt. Das sieht schon mehr nach einem Schneemann aus, denke ich mir und schaue mir unser Werk an. »Jetzt fehlt nur noch der Kopf.«

»Nanu, wen haben wir denn da?«

Ich drehe mich um, als ich eine weibliche Stimme höre. Es ist die Mutter des Jungen. Sie kommt gerade aus dem Haus und lächelt mich freundlich an. »Hast du mit Jacob gespielt?«

Ich drehe mich zu dem Jungen um. »Jacob heißt du also, das ist ein schöner Name.« Schnell wende ich mich wieder seiner Mutter zu, da es unhöflich wäre, ihre Frage zu ignorieren. »Ja, ich wohne im Haus nebenan.«

Sie nickt. »Ich weiß, ich habe dich schon ein paar Mal gesehen. Ihr wohnt noch nicht lange hier, oder?«

»Nein, noch nicht so lange.«

»Kommt doch rein, ich mache euch eine heiße Schokolade.« Das muss man mir nicht zweimal sagen. Ich folge ihr und Jacob in ihr Zuhause. Es ähnelt unserem Haus sehr, mit Ausnahme der Einrichtung natürlich. Wir setzen uns an einen Esstisch, der in der Mitte des Raums steht. Dort liegen noch ein paar Lebkuchen in einer Schale und ich nehme mir einen. Es dauert nicht lange, bis Jacobs Mutter, mit zwei großen Tassen in der Hand, zurückkommt.

»Bitteschön«, sagt sie, als sie die heiße Schokolade vor uns hinstellt.

»Vielen Dank«, antworte ich und nehme einen Schluck. Das tut gut bei dieser Kälte draußen. Obwohl die Sonne ein wenig scheint, ist es trotzdem sehr kalt. Nach einer Weile steht Jacob auf, macht ein Handzeichen zu seiner Mutter und verlässt den Raum.

»Wohin geht er?«, frage ich sie.

Sie schmunzelt. »Er muss nur zur Toilette.«

»Oh, ach so.«

»Ich bin froh, dass du heute zum Spielen rübergekommen bist. Jacob hat nicht sehr viele Freunde und es fällt ihm schwer, neue zu finden.« Ich nicke, als würde ich ihn verstehen. Doch in

Wirklichkeit kann ich mich nicht in ihn hineinversetzen. Ich habe viele Freunde in der Schule. Es muss sehr schwer für Jacob sein, sich nicht mit jedem problemlos verständigen zu können.

»Warum kann er nicht sprechen?« Ich weiß nicht, ob ich das fragen sollte, doch es rutscht mir heraus, ehe ich weiter darüber nachdenken kann.

»Nun... vor ein paar Jahren gab es ein großes Feuer in unserem alten Zuhause. Wir... wir haben Menschen verloren, die uns sehr wichtig waren. Jacob hat seitdem nicht mehr gesprochen.«

Mitgenommen von dem Schicksalschlag kann ich nur nicken.

»Die Ärzte sagen es käme durch den Schock. Sie sagten es handle sich um Mutismus, es ist nicht ausgeschlossen, dass er eines Tages wieder sprechen kann.«

»Ich verstehe. Das wäre schön. Ich würde gern seine Stimme hören.«

Sie lächelt mich an. »Das würde ich auch gern wieder.« Kurz darauf kommt Jacob zurück. Wir trinken unsere heiße Schokolade aus und gehen wieder raus in den Schnee. Schließlich muss unser Schneemann heute noch fertig werden.

Inzwischen ist die Sonne hinter ein paar dunklen Wolken verschwunden. Man merkt es deutlich an der Temperatur. Nichtsdestoweniger wollen wir unser Meisterwerk fertigstellen. Gemeinsam rollen wir die dritte und letzte Kugel über den Schnee, was dazu führt, dass der Kopf viel zu groß wird und wir noch mal von vorne anfangen müssen. Beim zweiten Anlauf schaffen wir es aber und unser Schneemann ist so gut wie fertig. Während ich ihm zwei Steine in den Kopf drücke, holt Jacob von drinnen eine Karotte und einen Schal. Einen Hut konnten wir leider nicht finden, aber er sieht auch ohne gut aus.

»Puh, das wäre geschafft,« sage ich, als wir unser fertiges Kunstwerk begutachten. Aus dem Augenwinkel kann ich den Stolz in Jacobs Blick erkennen. »Ich sollte jetzt besser mal wieder rüber nach Hause gehen. Ich bin schon ganz durchgefroren und meine Mutter hat sicher schon mit dem Mittagessen angefangen.«

Er sieht mich fragend an und ich weiß sofort, was er möchte. »Sollen wir morgen wieder etwas zusammen machen.« Er nickt wieder aufgeregt und grinst mich an. Einen Moment lang denke ich nach, was man im Winter noch alles machen kann. Plötzlich kommt mir eine gute Idee. »Hast du Schlittschuhe, Jacob?« Er scheint einen Moment nachzudenken, dann nickt er wieder. »Okay, die wirst du morgen brauchen. Wir treffen uns morgen früh um acht Uhr hier am Zaun, ist das in Ordnung?«

Jacob runzelt erst leicht die Stirn, dann nickt er aber erneut und umarmt mich. Die Umarmung kommt unerwartet, aber ich habe kein Problem damit. Danach verabschiede ich mich und verschwinde in unser Haus.

Ich bleibe die halbe Nacht wach, weil ich zu aufgeregt bin. Letztendlich schaffe ich es dennoch, einige Stunden Schlaf zu bekommen. Als ich am nächsten Morgen aufwache, bemerke ich, dass es über Nacht wieder geschneit hat. Ich nehme mir meine Schlittschuhe aus dem Schrank und mache mich auf den Weg nach unten in die Küche.

»Wo soll's denn hingehen?«, fragt mich meine Mutter.

»Ich gehe mit Jacob zum See, um Schlittschuh zu fahren.« Gestern hatte ich ihr beim Abendbrot von Jacob erzählt.

»Der See? Aber ist das nicht gefährlich? Was wenn das Eis einbricht?«

»Mum, mach dir keine Sorgen. Ich bin alt genug, um auf mich selbst aufzupassen.« Ich stelle meine Schlittschuhe neben den Esstisch und esse ein Toastbrot, was sie mir geschmiert hat.

»Ist denn ein Erwachsener dabei? Vielleicht sollte ich besser mitkommen.« Ich kann ihre Sorge verstehen, so sind Mütter nun einmal. Aber ich möchte keine Erwachsenen dabei haben. Wir sind schließlich keine Kleinkinder mehr. »Bitte Mum«, sage ich genervt, » wir sind außerdem zu zweit, was soll schon passieren.«

Sie schaut mich einen Moment lang nur nachdenklich an. »Also schön. Aber bleibt nicht zu lange weg, okay?« Mit vollem Mund und Schlittschuhen in der Hand nicke ich ihr zu und mache mich auf den Weg nach draußen in unseren Garten.
Jacob steht bereits zitternd auf der anderen Seite des Zauns. »Hey,« rufe ich ihm zu und winke, »frierst du etwa? Vielleicht holst du dir besser noch eine dickere Jacke.«

Er schüttelt den Kopf und hält mir stattdessen seine Schlittschuhe vor mein Gesicht. Zufrieden grinse ich ihn an, bevor wir in Richtung See durch den Schnee losmarschieren. Es dauert nicht lang und wir können ihn bereits aus der Ferne sehen. Jacob zeigt aufgeregt auf das zugefrorene Gewässer. Er scheint sich zu freuen. Wir wohnen in einem kleinen Vorort, daher ist es keine Überraschung, dass nicht viele Leute auf dem Eis sind. Der See ist ziemlich groß und am anderen Ende sehen wir noch ein paar Eisläufer. Sie sind allerdings zu weit weg, um erkennen zu können, wer sie sind. Ich kann es kaum noch erwarten und laufe immer schneller auf den See zu. Fast vergesse ich schon, dass ich meine Schuhe noch gar nicht angezogen habe. Jacob hält mich davor zurück, aufs Eis zu gehen. »Ups,« sage ich verlegen und ich spüre wie meine Wangen warm werden. Wir setzen uns auf einen umgeknickten Baumstamm und wechseln die Schuhe.

Nachdem ich fertig bin, warte ich auf Jacob und wir gehen zusammen auf das Eis. Es fühlt sich unter meinen Füßen sehr stabil an und ich fahre gleich los. Der eiskalte Wind weht mir ins Gesicht, aber es macht trotzdem Spaß. Sehr sogar. Ich bin schon lange nicht mehr eisgelaufen. Das letzte Mal war ich mit meiner Mutter in einer Eishalle.

Nach ein paar Metern drehe ich mich um, um nach Jacob zu sehen. Er steht fast noch ganz vorne und sieht ziemlich wackelig auf den Beinen aus. In seinem Gesicht erkenne ich ein wenig Unsicherheit. Kichernd gleite ich über das Eis zu ihm zurück. »Na, brauchst du ein bisschen Hilfe?«

Er schmunzelt und nickt. Ich nehme ihn bei der rechten Hand und ziehe ihn ein Stückchen. Zuerst scheint er noch unsicher zu sein, doch bald bekommt er mehr Mut und wir fahren gleich schnell über den See. Jetzt macht es ihm auch Spaß, denke ich mir, als ich sein Grinsen sehe. Wir fahren eine Weile Hand in Hand über das Eis.

»Kann ich dich jetzt loslassen?«, frage ich ihn. Verlegen schaut er auf unsere Hände, er scheint ganz vergessen zu haben, dass ich ihn festhalte.

Er nickt entschlossen.

»Okay,« sage ich und lasse ihn los. Für einen Moment denke ich, dass er umkippt, doch er gewöhnt sich schnell daran allein zu fahren und wird sogar schneller als ich.

Während wir lachen, Kunststücke üben und herumalbern vergessen wir ganz die Zeit. Dass der Himmel sich verdunkelt, merken wir nicht. Erst als es wieder anfängt zu schneien, schaue ich nach oben. »Das sieht nach einem Schneesturm aus, Jacob, besser wir machen uns langsam auf den Nachhauseweg.«

Er scheint mich nicht gehört zu haben, da er ein paar Meter vor mir auf dem Eis fährt. Ich versuche ihn einzuholen, trete kräftig mit den Kufen auf die gefrorene Oberfläche. Als ich das Eis brechen höre, ist es schon zu spät, der Boden reißt unter mir auf und ich kann mich nirgendwo festhalten. Das eiskalte Wasser trifft mich wie ein Schlag. Es geht alles zu schnell, das Geräusch des brechenden Eis, der Schock, das Plätschern des Wassers. Ich kann mich nicht bewegen und die schweren Schlittschuhe an meinen Füßen helfen kein bisschen, während ich langsam in die pechschwarze Dunkelheit sinke.

Ich kann nicht klar denken, daher weiß ich nicht, ob es eine Halluzination ist, als zwei Arme in das Wasser greifen und mich an meiner Jacke nach oben ziehen. Zurück an der Oberfläche ist die Kälte noch unerträglicher. Der Wind lässt mich jeden Teil meines Körpers spüren, als würde er mit Tausenden kleinen

Nadeln gestochen. Jemand setzt mich aufrecht hin und zieht meine Beine aus dem Loch im Eis. Als mein Bewusstsein langsam zurückkehrt, sehe ich Jacob vor mir, er versucht mich wegzuziehen. Das Eis unter uns macht bedrohliche Geräusche und bekommt immer mehr Risse. Plötzlich bin ich wieder zurück unter den Lebenden und bemerke, was hier vor sich geht. Schnell stehe ich auf. Mit den nassen Klamotten ist es schwieriger Schlittschuh zu fahren, doch ich nehme Jacob wieder an der Hand und zusammen rasen wir zurück, um von dem See herunterzukommen. Die Eisplatten unter uns brechen, ich falle fast hin, kann mich aber gerade noch abfangen. Als wir wieder festen Boden unter den Füßen haben, stoße ich einen erleichterten Seufzer aus. Ich zittere am ganzen Körper. »D-du hast mich gerettet, Jacob,« bringe ich nur hervor. Doch er legt mir einen Finger auf den Mund, um mir zu signalisieren meine Kräfte zu sparen. Er setzt mich auf den Baumstamm und zieht meine Jacke aus. »Was tust du da?«, frage ich erschrocken, als mir klar wird, dass er mir seine Jacke geben will. Er zieht sie aus und legt sie um meine Schultern. »Aber du frierst auch.«

Er schüttelt ernst den Kopf und zeigt auf mich. Ich schätze es hat keinen Sinn mit ihm weiter zu diskutieren. Je schneller wir nach Hause kommen, desto besser. Meine Klamotten fühlen sich unangenehm an. Wir beeilen uns unsere Schuhe anzuziehen und dieses Mal ist Jacob vor mir fertig. Als ich meine auch endlich anhabe, legt er seinen Arm um mich und wir laufen zurück nach Hause. Meine Mutter wird ausrasten, so viel ist sicher.

Ich weiß nicht, wer von uns beiden mehr zittert, aber es ist auch nicht wichtig. Das Einzige, woran ich in diesem Moment denken kann, ist Jacob. Ich schaue zu ihm rüber und begegne seinem Blick. Es bedarf keiner Worte, um zu erkennen, was er denkt. Ich weiß, dass dies erst der Anfang unserer Freundschaft ist und wir noch viele weitere Abenteuer erleben werden. Auch wenn ich hoffe, dass nicht alle so enden wie dieses.

Über den Autor dieser Kurzgeschichte

Marcel Weyers wurde am 16. Oktober 1991 in Limburg an der Lahn geboren. Schon früh begann er damit kurze Geschichten zu verfassen und entdeckte so seine Leidenschaft für das Schreiben. Er ist außerdem Autor der Schatten-Trilogie, eine Fantasy Buchserie, die in Japan spielt.

Weitere Informationen gibt es unter: **www.marcel-weyers.de**

Winter

☆☆☆

Graue Wolken bedecken den Himmel,
die Farben des Herbstes sind verweht,
Schnee bedeckt nun unsere Erde,
als ob die Welt zur Ruhe geht.

In der Natur schlafen bald die Pflanzen
und die Tiere graben sich tief ein.
Auch die Menschen ziehen sich zurück
und bleiben am Liebsten jetzt Daheim.

Doch hört man auch in dieser Zeit,
freudiges Rufen und freudiges Lachen,
denn jetzt ist es wieder soweit,
dass Kinder einen Schneemann machen.

Und nach Ski und Schlitten fahren
freuen sie sich auf den heißen Tee.
So bringt ihnen auch die Winterzeit
viel Freude mit dem kalten Schnee!

Graue Wolken bedecken den Himmel,
dennoch freut sich nicht nur das Kind,
weil auch in grauen Wintertagen
viele Menschen glücklich sind!

Mein zweites Leben

Peter Göbel

☆☆☆

***

Wenn ein Mensch geboren wird, verschleiert ein Engel

die Wahrheit seines inneren Wesens

Die größte Energiequelle für Leben ist das Licht, die Liebe, die alles erschafft.
Sie kann nicht aufgehalten werden,
sie wirkt von Ewigkeit zu Ewigkeit!
Der Verstand glaubt
der Liebe Schmerzen zufügen zu können,
und er tut es,
weil er seine eigenen Schmerzen nicht geeint hat.

***

Heute war Samstag, der 18. September 2004 und Abschluss der Wasserskisaison. Es war ein traumhafter Septembertag in der Mittagssonne und es herrschten beste Trainingsbedingungen. Die meisten Mitglieder des Vereins waren an der Strecke.

Seit gut 40 Jahren übe ich diesen Sport sehr erfolgreich aus. Auf meiner Haustrainingsstrecke auf der Lahn bei Laurenburg bereitete ich mich auf meine Titelverteidigung als Deutscher Seniorenmeister in den Disziplinen Springen, Slalom und Figurenlauf vor. Gezogen werde ich von einem Spezialboot mit 260 PS. Damit kann der Wasserskiläufer im Parcours eine

Spitzengeschwindigkeit von fast 100 km/h beim Ausfahren der Wenden erreichen.

Um im Wasserski erfolgreich zu sein, braucht man nicht nur Kraft, schnelles Reagieren und hohe Körperbeherrschung, sondern es zählt auch die Beschaffenheit und die Einstellungen des Materials. Seit einigen Wochen testete ich einen neuen Hochleistungsslalomski. Dabei veränderte ich immer wieder die Einstellung des Höhenruders an der Finne, um die Fahreigenschafften im Grenzbereich im Slalomfeld zu optimieren. Für den nächsten Trainingslauf hatte ich erneut eine Korrektur der Einstellung vorgenommen. Vom Start weg ging es auf die mit Bojen abgesteckte Slalomstrecke. Gleich bei der ersten Auslenkung, um in die Höchstgeschwindigkeit zu kommen, merkte ich mit Entsetzen, dass der Ski nicht auf meine Steuerungsbewegung reagierte. Ich schoss mit hoher Geschwindigkeit auf die Uferböschung zu. Unmittelbar nach dem Aufprall hatte sich meine Erinnerung verloren und ich war nicht mehr ansprechbar......

*

Ein Unfallbericht in der Nassauischen Neuen Presse vom 20. September 2004:

»Schwerer Wasserskiunfall auf der Lahn. Wasserskiläufer wird bei hoher Geschwindigkeit gegen die Uferböschung geschleudert. Er wird mit schwersten Kopfverletzungen in die Uniklinik Mainz geflogen. Die Ärzte geben dem Verunglückten keine Überlebenschancen.«

*

Im Krankenhaus hatte man mich in ein künstliches Koma versetzt, aus dem ich nach einigen Tagen langsam erwachte. Die ersten Wahrnehmungen, in der Aufwachphase waren sehr unkonkret, bruchstückhaft. Die Ärzte machten meinen Angehörigen aufgrund der Schwere der Verletzungen keine großen Hoffnungen und sie vermochten auch nicht einzuschätzen, ob und welche Behinderungen bleiben würden und vor allem ob mein Augenlicht vollständig zu retten war.

Ich konnte nicht sprechen, aus mir kam mehr ein Wortgestammel heraus, außer „Ja oder Nein“ war nichts zu verstehen. Schmerzen hatte ich zu diesem Zeitpunkt keine und auch danach nicht. Ein erstes konkretes Erlebnis war nach zirka fünf Tagen der Besuch meines Bruders und seiner Frau. Da hatte ich das Bedürfnis etwas zu sagen, wie das auch immer angekommen sein mag und mich trieb es unbändig, mich zu bewegen und wegzulaufen, sozusagen das Alte oder die Welt zu verlassen. Da ich durch meinem Sport fast jeden Tag kraftvoll und bewegungsintensiv trainierte, auch im Winter, war mein Bewegungsdrang nur zu unterbinden, indem man mich mit Gurten ans Bett fesselte.
Wie kam es dazu? Wahrscheinlich wollte ich nur weg, hoffte einen Weg zu finden. Es war eher ein Instinkt, ein natürlicher Reflex. Aber vor was wollte ich fliehen?
Wahrscheinlich konnte ich keinen Sinn dafür erkennen, warum sie mich festhalten wollten, wo ich mich doch schmerzfrei und nicht krank fühlte.

Nachdem in der Uniklinik das medizinisch erforderliche getan worden war, wurde ich in die Reha-Klinik nach Bad Camberg verlegt. Hier konnte ich nach wenigen Tagen vermehrt Konturen und Bilder der Landschaft und der Gegenstände in der Klinik wahrnehmen, ohne diese wirklich konkret zuzuordnen oder einsortieren zu können. In meinem Gesichtsfeld waren eher Schleier von Farben, Formen und Gesprächen als

Konkretes erkennbar. Mit fremder Hilfe musste ich lernen, mich anzuziehen, mich zu Waschen und Nahrung zu mir zu nehmen. Den Gebrauch eines Besteckes zum Essen kannte ich nicht mehr. Eine große Herausforderung war, die Zähne zu putzen. Ich sah jeden Gegenstand mit anderen Augen, hinterfragte seinen Gebrauch, seinen Nutzen. Wozu brauchte man eine Haar- oder Zahnbürste? Auch der Blick in den Spiegel war mir rätselhaft. Warum sah man darin alles spiegelverkehrt?

In den Gängen und Räumen der Klinik, die ich nur bis zur Tür der Station erkunden durfte, war ich ziemlich unsicher, brauchte mich aber nicht an der Wand zu stützen. Ich wusste zu diesem Zeitpunkt noch nicht, dass meine Schädeldecke noch offen war. Das Gehirn selbst ist schmerzunempfindlich gewesen. Die anderen Verletzungen, wie der Armbruch auf der linken Seite und der Ausfall eines Teils meines Sehvermögens, nahm ich zunächst nicht wahr. Einen Verband hatte ich weder am Kopf noch an dem gebrochenen Arm.

Alles um mich herum war getaucht in eine beinahe unheimlich wirkende Schönheit und eine Art von erwartungsvoller Spannung und erst nach und nach kehrte mein Sinn für das Reale, das in unsere Gesellschaft dominiert, zurück.

Man hat mir damals gesagt, dass das Sprachzentrum geschädigt ist. Und dass ich Lesen, Schreiben und die Zahlen neu lernen müsse. Auch das Gehen und das Sehen müsse ich wieder üben, ohne zu erkennen, was dies bedeutet und ohne es nachempfinden zu können. Inzwischen hatte man mir einen Fernsehapparat ins Zimmer gestellt. Ich bemühte mich zu lernen, wie man den Fernseher ein und ausschaltet und die Programme umschaltet, ohne die Beschriftung auf der Fernbedienung lesen zu können. Nur eine Zahl, die ›1‹, kannte ich inzwischen. Worte und die Bedeutung von Buchstaben waren mir fremd. Das allgemeine Sprach- und Begriffsempfinden, so mein subjektives Empfinden, kam auf der einen Seite nur langsam voran, andererseits kam ich mir vor, alles im Zeitraffertempo zu erleben.

Noch immer hatte ich kein Zeitgefühl, der Tag und die Nacht waren bestimmt durch den Wechsel von Hell und Dunkel. Gedanken einer Identität in mir und dem Außen waren über das Lächeln und die Zuwendung der Menschen im Umfeld bestimmt. Ein Gefühl von völliger Annahme und Demut beherrschte meine Gefühlswelt. Nichts mehr wollte ich, nur schauen und beobachten, was mir die Außenwelt reflektiert. Ich konnte nicht sagen wer ich bin und meine Angehörigen begriffsmäßig sind. Ich konnte nur spüren, dass sie mir Nahe waren und liebevoll mit mir umgingen.

Eine junge russische Krankenschwester, blond und mit leuchtenden blauen Augen, die Wärme ausstrahlten, ist mir besonders aufgefallen. Sie gehörte zu dem Team, das mich betreute. Ich spürte eine tiefe Zuneigung. Ihr Wesen, ihre Anmut und ihr weiches Herz erzeugten in mir ein Gefühl der Einheit, aber auch Angst, mich nicht adäquat und gefühlvoll ausdrücken zu können. Sie bedeutete für mich die heilige Mutter Erde, in der ich noch nicht angekommen war. War nicht meine Mutter auch blauäugig und hatte blonde, lockige Haare?

Es ist mit Worten nicht zu beschreiben, dass es für mein momentanes Sein keine Wertung und Unterscheidungen im Sinne von Gut und Böse, Recht und Unrecht, schön und hässlich, gab. Diese kamen erst viel später. Auch die Unterscheidung der Geschlechter und sexuelle Bedürfnisse kamen erst nach einigen Wochen.

Irgendwann realisierte ich, dass ich früher einmal ein anderes Leben gelebt haben musste. Da gab es ein paar wenige Angehörige, Freunde und die erzählten mir von gemeinsamen Erlebnissen, die nur als Schleier auftraten. Ganz langsam tauchen nun einige Erinnerungsfetzen bei mir auf. Noch hatte ich aber überhaupt keine Vorstellung darüber, was werden wird und wie einschneidend sich mein Leben verändern wird. Trotz der optimistischen Haltung meiner Familie. Wer aber wollte wirklich klar sehen können, wie das Leben sich in einigen Monaten gestaltet? Auch die Ärzte hielten sich auf meine drängenden Fragen hin bedeckt. Ein Gespräch mit einem Arzt hat mich tief bewegt, als ich ihn wieder einmal, mit der Frage genervt habe, was ich und wann ich das eine, oder andere wieder kann. Er sagte nur: »Das weiß nur Gott.«

Eine solche Frage, so meine Intuition, brauchte ich deshalb nicht mehr zu stellen.

Nach einer weiteren Woche habe ich mich getraut, meine Uhr mit Chronograph wieder zu entdecken, ohne erkannt zu haben, was rechts, links, gerade, hinten, vor und zurück und so weiter alles bedeutet. Es war eine Tortur und nach zwei Minuten wusste ich nicht mehr, was ich glaubte, vorher erkannt zu haben. Sobald ich den Sekundenzeiger ins Visier versuchte zu nehmen, hatte ich keine Vorstellung darüber, wieso der Zeiger sich nur nach einer Seite dreht und ich fand es merkwürdig und ein bisschen heiter. Über weitere solcher und ähnlicher Erfahrungen noch zu berichten, würde den Rahmen dieser Kurzgeschichte aber sprengen.

Die ersten Schreibversuche zielten dahin, einige Tage zu üben, wie meine Unterschrift früher aussah. Es waren wohl die ersten Versuche meine alte Identität wiederzufinden, aber sie war nicht mehr da.

Was aber wirklich zählte, waren die Menschen, denen ich täglich begegnete, die mir innere Botschaften vermittelten in einer Weise, die keiner Worte bedürften. Und mit der Kommunikation wuchs nun mein neu gewonnener Sprachschatz enorm, trotz vieler Wortfindungsstörungen. Ich schätzte, dass ich etwa zehn Prozent meines früheren Wortschatzes wieder erlernt hatte. Ich versuchte nun, Worte, die mir fehlten, irgendwie zu kompensieren, sodass meine Gesprächspartner mich verstehen konnten. Umgekehrt verstand ich nicht alles, so auch die Genesungsgrüße meiner Angehörigen, die ich zwar wahrnahm, die aber keine Tiefe in mir erzeugten.

Erst mit der Zeit merkte ich, dass meine Wahrnehmung eine ganz andere war, als vorher. Meine linke Gehirnhälfte, die das rationale Denken steuert, war durch den Unfall zerstört und die Chirurgen haben das Beste aus dem gemacht, was sie noch vorfanden. Nur die rechte Gehirnhälfte, die die Gefühle, Intuition und die Sinne steuern, funktionierte noch einwandfrei. Heute weiß ich, dass im Grunde keine Energie zerstört, tot oder nicht mehr vorhanden sein kann. Meine Energie, die ich für mein Leben vorher brauchte, hat sich nur gewandelt, transformiert. Oberflächlich gesehen kann man sagen ich bin „krank" geworden, was auch immer das heißt. Heute sage ich, wenn jemand krank ist, ist er in einem Transformationsprozess. Dabei spielt Zeit nur eine untergeordnete Rolle.

Beim Fernsehen wollte ich nur Talkshows sehen. Nicht deswegen, weil mich die Themen interessierten, sondern ich wollte die Mimik, die Gesten und den Klang der Sprache studieren. Die Botschaften selbst habe ich sowieso nicht verstanden, aber ich konnte gut erkennen, ob das gesprochene Wort zu dem was sie sagten, authentisch war und das, was sie, meist unbewusst, verbergen wollten.

Den geschlechterspezifischen Habitus zu erkennen erfüllte mich mit Zuneigung und Liebe, ohne dieses zu bewerten. Bewertungen kamen leider erst viel später. Zwei grundsätzlich gegensätzliche Gefühle prägten dieses Bewusstsein. Einerseits, das Gefühl der Nacktheit und des Versteckens der Nacktheit und andererseits das Gefühl von Scham und in die Seelen der Dinge sehen zu können. Was mir anfänglich nicht bewusst war, ist, dass andere Menschen diese Fähigkeit nicht haben, oder es ihnen nicht wirklich bewusst war, sie zu besitzen.

So nach und nach wechselte diese Erfahrung in ein inneres Verständnis, was mir zunehmen Selbstvertrauen und Selbstsicherheit vermittelte. Das wirkte sich auch auf die Art wie ich kommunizierte aus. Ich konnte und musste während der Kommunikation mit anderen ganz tief in mir sein, um das Gefühl zu haben, dass ich meine Gesprächspartner innerlich spüren konnte. Das äußere Bild, ihre Gesichter, zu sehen, war eher hinderlich und ablenkend. Ich hatte das Gefühl, dass ich ihre Seelen berühren konnte und zwar mit ihren unbewussten Schattenanteilen. Die sie einerseits gerne auflösen wollten, aber noch keinen Zugang zu ihnen gefunden hatten. Ihre Ängste und deren Blockaden waren noch zu stark. Meine freie Art machte ihnen Angst und verletzte sie. Dadurch kam ich in eine Art Selbstisolation auf der menschlichen Seite.

Zunehmend hatte ich den Drang die Klinik zu erkunden und nur zu laufen. Das war, scheinbar das Einzige, was ich noch konnte. Auch vor dem Zubettgehen musste ich zuerst alle Geschosse durchlaufen. Ich konnte die Stille als Freude erfahren. Beim Laufen wächst und verändert sich Bewusstsein. Heute weiß ich, dass mein Bewegungsdrang ein Zeichen Gottes war, dass das äußere Leben noch nicht zu Ende sein sollte und es noch andere Aufgaben in diesem Leben für mich gab. Ich wagte, obwohl es für mich verboten war, die Spaziergänge auch über das engere Umfeld der Klinik auszudehnen. Mir war dabei klar eine Suchaktion auszulösen, wenn ich mich verlaufen würde. Aber es ist für einen „Gesunden“ schwer vorstellbar überhaupt keine Wahrnehmung darüber zu haben, wo man sich genau befindet und dass es verschiedene Himmelsrichtungen gibt. Statt dessen orientierte ich mich an Geräuschen und am Sonnenstand. Und ich erfreute mich an den Bildern dieser schönen Landschaft. Früher habe ich sie nie so intensiv wahrgenommen. Ich glaubte zunehmend eine Ahnung zu haben, von der Ordnung und dem Sinn, der sich in dem Wahrgenommen verbarg. Die Wege, die Art der Felder, die Straßen, die Autos, dass es morgens kühler als mittags ist und wie sich der Sonnenstand im Laufe des Tages verändert, löste tiefe Gefühle in mir aus. Ich war im Jetzt und wusste es nicht!

In der Klinik versuchte ich jedes Detail und den Sinn, der sich dahinter verbergen könnte, wahrzunehmen, obwohl ich für das gesehene keine Wertung vornehmen konnte. Lange Blicke hatte ich für die Heizkörper, die zwar in meinem früheren Beruf eine große Rolle spielten, mich aber vor ein Rätsel stellten, denn ich konnte mit der Drehrichtung »Auf« und »Zu« überhaupt nichts mehr anfangen.

Die Farben, die Art wie die Gänge und die Räume angeordnet waren, versetzten mich in Erstaunen und Freude. Welcher Geist hat dies geschaffen? Die Sinnhaftigkeit der äußeren Welt löste positive Gefühle und Selbstvertrauen in mir aus.

Landkarten, Himmelsrichtungen und Hinweisschilder in der Klinik konnte ich noch nicht lesen und erkennen, was sie bedeuten könnten. Aber das beschäftigte mich auch noch nicht. Mein Gehirn erfasste und speicherte nur ganze Bilder, aber keine Details, die mich in Verlegenheit bringen konnten, die Schärfe eines Verstandes zu erkennen, mich vom paradiesischen Sein abzugrenzen.

Ich konnte noch nicht unterscheiden, was »männlich« und »weiblich« ist. Auch wusste ich nicht, welchen Beruf und Sport ich ausgeübt hatte, wie mein Haus aussah, in welchem Land ich lebe und welche Orte und Städte in meiner Umgebung sind, diese Fragen stellten sich nicht. Alles musste ich nach und nach neu lernen, die Begriffe dazu finden und bewerten. Kurzum, ich musste das Leben und alle Eindrücke, Gefühle des äußeren Körpers mit dem Inneren erstmalig bewerten, koordinieren und in Einklang bringen. Dies drückte sich auch aus, in der Art, wie ich mit den Augen sah. Die äußeren Eindrücke, die Bilder musste ich erst umsetzen, transformieren, um eine reale Abbildung der Umwelt wahrnehmen zu können.

Die folgenden Wochen waren zum großen Teil von Unsicherheit aber nicht von Ängsten, geprägt. Ich verkroch mich vor Menschen, die mir Unsicherheit vermittelten. Eine Art Selbstschutz, mich der Realität auszusetzen, Farbe zu bekennen, hatte mich in mein eigenes Paradies zurückgezogen und dieses wurde mir immer deutlicher. Ich war wie ein Kind, nur mit dem Geist eines Erwachsenen.

Auch konnte ich das Leid der anderen Patienten überwiegend ungefiltert in mir aufnehmen und ein Mitgefühl entwickeln. Ich verbrachte nun die meiste Zeit damit, zu beobachten. Es war eine sprachlose Zeit. In der Vergangenheit war ich sehr gesprächig, konnte mich aber auch tagelang mit Studien meiner Arbeit beschäftigen. Der Umgang mit Menschen bescherte mir einerseits Gefühle der Freude, aber andererseits war auch eine große Unsicherheit in mir, insbesondere deshalb, weil ich fühlte, dass sie ihre eigenen Gefühle selbst so klar wahrnehmen können, wie ich es konnte. Ich sah durch sie hindurch und das verunsicherte beide, so als wollten wir uns sagen: »Bleib weg, wir sind uns fremd, wir sind anders, als es den Anschein hat und uns dennoch sehr ähnlich.«

Keine Seele stellte Anforderungen an mich und ich konnte und wollte alles annehmen. Was bleibt einem auch sonst übrig, wenn das „Rückgrat“ gebrochen ist und man der Welt hilflos ausgeliefert und nicht in der Lage ist, das äußere Leben zu bewältigen. Mein Ego war auf einem Tiefpunkt, aber gleichzeitig genoss ich es auch. Es erinnerte mich an eine Statue, auf der Buddha mit einem weinenden und einem lachenden Auge dargestellt war.

Meine Schatten der Vergangenheit, Ängste und Sorgen waren bedeutungslos. Ich hatte zeitweise das Gefühl großer Liebe in mir, ohne einen Spiegel im Außen zu haben. Das Außen war wie ein Resonanzkörper der inneren Wahrnehmung und erzeugte so Einklang, Harmonie.

Wo ich mich in der Vergangenheit überlegen gefühlt hatte, das war im Beruf, im Sport und bei allen Dingen, die ich mit Zahlen und rationalen Gedanken als Sicherheitsgerüst empfand, diese hatten jetzt keinen Bezug mehr zu mir, auf sie konnte ich nicht mehr bauen. Die eigene Identität war mir abhandengekommen. Dennoch empfand ich das nicht wirklich als Verlust. Ein unbewusster Selbstschutz einer von Anderen definierter „Wahrheit“ ins Auge zu sehen. In dieser Situation wäre es anders auch nicht möglich gewesen, weil die Lebensenergie oder die kosmische Energie für mein Leben noch nicht wirklich ausgehaucht war. Auch wenn mir der äußere Bezug zum Leben im zwanzigsten Jahrhundert fehlte. Selbstzweifel überschütteten mich und ich spielte in meinen Gedanken schon durch, was wäre, wenn ich mich aus der dritten Etage stürzen würde. Aber da war das Geländer, das mich am Absprung hinderte, weil die Gefahr bestand erneut im Krankenhaus zu landen. Mein Innerstes sagte mir, dass dies nicht mein Weg sein konnte, wo ich doch gerade neu im Leben angekommen war. Und auch mein Glaube, der weniger auf eine bestimmte Religion ausgelegt war und mich in Krisenzeiten schütze, half mir dabei.

Im Grunde war ich in meiner Situation unmündig, nicht fähig, äußeren Anforderungen zu genügen. Das vorherige Leben war eher geprägt, Dinge autark und selbstständig gemeistert zu haben, auch wenn das im Nachhinein eine Illusion war. Jetzt benötigte ich für beinahe alle Handlungen und Aufgaben eine fremde Hilfe. Nur meine Körperfunktionen konnte ich einigermaßen steuern, sofern keine äußern Anforderungen auf mich zukamen, die ein Feedback, von anderer Seite erforderten. Es war jetzt angesagt, alle Dinge ganz bewusst und langsam zu machen.

So durfte und musste ich eine geistig bewusst erlebte Neugeburt erfahren, wenn auch unfreiwillig. Es fühlte sich an, wie eine Raupe, die sich zum Schmetterling wandelt. Einerseits im Zeitraffertempo, andererseits in einer Tiefe, die mir wie in Zeitlupe erschien. Ich wusste, dass ich die alte Welt überwunden hatte, dennoch war sie nicht verschwunden. Das alte Leben existierte noch am seidenen Faden, noch immer in ähnlicher Gestalt, dennoch mit völlig anderem Bewusstsein. Ich erkannte, dass auch ein Schmetterling sich noch an sein vorheriges Leben als Raupe erinnern kann, natürlich nicht mit menschlichen Gedankengängen und ich begriff, dass Gott auch in uns existiert und nicht nur außerhalb, wie es viele glauben, die keinen Zugang zu ihm haben, weil er scheinbar so weit von deren äußeren Wahrnehmung weg ist.

Die Wandlung bescherte mir zunehmend, eine gefühlsmäßige Klarheit meiner seelischen Verletzungen aus der Vergangenheit zu erfahren, die mir zugefügt wurden und die ich anderen zugefügt hatte. Zeitweise kam es mir so vor, zu erfahren, durch das Fegefeuer zu gehen, aus dem ich nicht entrinnen konnte. Es gab für mich keine Fluchtmöglichkeiten, keine faulen Ausreden, sondern ich musste mitten durch das Feuer der Realität gehen.

Von der Kindheit an bis zum Alter des frühen Erwachsenen sind mir die positiven und negativen Gefühle ungehindert ins Bewusstsein zurückgekehrt. Die Dinge aus meiner beruflichen Zeit und der Vorliebe mit Zahlen umzugehen, sind mir nur als gefühlsmäßiger Schleier der Wehmut in Erinnerung, ohne eine emotionale Beziehung mehr dazu zu haben, aus dem Gefühl heraus eine Distanz zum Außen und zum Innen zu haben. Daher zu wissen, dass es in mir ist und jetzt zwar noch einen Einfluss hat, aber mit einer Distanz, die mich nicht mehr so stark wie in der Vergangenheit berührt. Ein Gefühl einer Zerrissenheit, wie mein Gehirn sich darstellte, wich eher in ein Gefühl der Annahme, außen wie im innen.

Über diese Erkenntnis ist mir vor 20 Jahren eine Geschichte von Hazrat Inayat Khan zugefallen. Er schrieb:

»Ich habe gut und böse gekannt, Sünde und Tugend, Recht und Unrecht; Ich habe gerichtet und bin gerichtet worden; ich bin durch Geburt und Tod gegangen, Freude und Leid, Himmel und Hölle; und am Ende erkannte ich, dass ich in allem bin und alles in mir ist.«

Viele Begriffe kannte ich nicht (mehr), oder ich brauchte Zeit, diese neu zu lernen. Die Synapsen und Knotenpunkte des Gehirns mussten sich über dem Lernen neu bilden. Jetzt den Eindruck zu haben, dass etwas verloren ging und es wieder neu zu lernen, wäre einseitig, so wie die digitale Weltwahrnehmung glaubt, zu existieren. In Wirklichkeit aber war nichts verloren, alles war nur im Wandel, zu einer neuen Form, die sich in jeder Zelle, in jedem Augenblick neu bildet. Jeder Tag war für mich neu und einzigartig.

Auch mit Geld konnte ich nichts wirklich anfangen, geschweige denn, welchen Wert es besaß. Ob ein Brot 1 € oder 1.000 € kostet, beschäftigte mich noch nicht wirklich. Dennoch kamen vermehrt durch das Lernen viele Aha-Effekte und Verwunderungen. Zum Teil habe ich Dinge abgestritten, anders wahrgenommen, anders gedeutet oder gar nicht erkannt, in der realen Welt noch nicht so richtig angekommen zu sein. In zwei Welten zu leben erfordert höchste Präsenz und Aufmerksamkeit, auf eine Art, die von außen nicht als solche erkennbar ist, oder sich anders darstellt, weil in ihr Rätsel und Symbole verborgen sind.

Einmal sah ich bei einem Rundgang einen an der Wand des Schwesternzimmers hängenden Monatskalender, auf dem die Tage und Wochen mit rot und schwarz gekennzeichnet waren. Ich fand das faszinierend und lustig, hatte das schon mal gesehen, konnte aber nicht wirklich etwas damit anfangen. Es sah aus, als hätten die Wochen und Tage einen mathematischen Zusammenhang, eine Ordnung in sich. Aber die Zahlen waren mir fremd.

Ich freute mich für jeden Fortschritt beim Lernen. Andererseits wurde mir immer stärker bewusst, was ich nicht mehr konnte und was mir abhandengekommen war, um in unserer Gesellschaft ein normales, eigenständiges Leben führen zu können. Es schien, ein Kampf gegen Windmühlen zu werden. Einerseits wurde die Schere immer größer, die Dinge nicht mehr präsent zu haben, andererseits wurden Fügungen klarer.

Die anfänglichen Gefühle nach einem solchen Schock können schwer lokalisiert werden. Es war ein traumatischer Zustand, mit einer Mischung von Fluchtreflexen und Neugierde. Die Ärzte versuchten diesen Zustand mit Medikamenten wieder ins Lot zu bringen, aber wie ich empfand, blieb das weitgehend ohne Wirkung.

Offen mit den Gefühlen Anderer umzugehen, war mir zunächst fremd. Dies wandelte sich sehr schnell. Meine Unsicherheit, wie sich meine Gefühle bei meinem Gegenüber auswirken, und welche Reflektionen mir entgegengebracht wurden, war kein „Misstrauen“ oder wie früher, mit Ängsten besetzt. Eher war ein Erstaunen über die Liebe und Anteilnahme in mir, eine Art der Offenheit, ein nichts mehr verbergen. Ein Gefühl der Nacktheit ohne Scham. Wo ich früher Angst hatte, verletzt zu werden, spielte das jetzt für mich keine Rolle mehr. Es brauchte keinen Gegenüber mehr der meine Liebe erwiderte. Jedoch ist dies eine große Herausforderung für eine gewachsene Familienstruktur, denn wenn diese Erkenntnis realisiert wird, ist das Ego sofort zur Stelle, um einen Schuldigen zu suchen.

Mein Umgang mit meinen Angehörigen war einerseits mit Unsicherheit und andererseits mit Zuneigung besetzt. Und erst jetzt konnte ich auch eine Bewunderung empfinden, was ich in der Vergangenheit so leider nicht aussprechen und würdigen konnte. Aber jetzt hatte ich den Mut und die Erkenntnis meiner Familie zu sagen, dass ich sie liebe, weil Liebe in mir war und kein Gegenüber mehr von außen brauchte. Doch wurden meine Worte nachdenklich und eher erschrocken angenommen. Unser Gefühlsleben war dem Alltag gewichen. Dies zeigte an, dass wir uns in der Familie neu finden und die Vergangenheit aufarbeiten müssten. Würde das eine Liebe, eine Ehe aushalten?

Am letzten Oktoberwochenende durfte ich endlich zum ersten Mal nach Hause. Meine Frau holte mich mit dem kurz vor dem Unfall neu gekauften Mercedes ab. Der sinnliche Duft des neuen Wagens und das schicke Kostüm, das meine Frau trug, erzeugten in mir ein wunderbares Gefühl, das noch durch die herrliche Landschaft verstärkt wurde. Ich fühlte mich in ein Paradies eingetaucht, aber nicht würdig dafür zu sein.

Wir fuhren zunächst zehn Kilometer über die Taunushügel zum Beuerbacher See. Die herrliche Oktobersonne animierte uns zu einem Spaziergang um den kleinen See. Nur die Vögel durchbrachen die Stille, die ich nie wirklich so tief empfand. In meinem reichen, mit Urlauben gekröntem bisherigen Leben standen andere Highlights auf der Tagesordnung als der nachbarschaftliche See, um Glück zu empfinden. Aber hier nahm ich auf einmal eine andere Stimmung war, ein Gefühl der Vertrautheit mit der Natur ergriff mich mit Tränen der Liebe. Ich spürte erst jetzt, dass ich in dieses Leben nochmals angekommen war, in eine tiefere Ebene. Mir wurde klar, um das Gefühl des Glücklichseins zu erfahren, braucht man nirgends mehr hin. Im Gegenteil, wer ständig etwas Neues braucht, um Glück zu empfinden, und das in allen Bereichen des Lebens, sollte seine Einstellung zum Leben einmal überprüfen. Auch wurde mir immer bewusster, dass ich in der Vergangenheit eher vor dem Glücklichsein „geflüchtet" bin, da ich das Glück des Augenblicks nicht genießen konnte, weil mich die Gedanken des Vergangenen und des Zukünftigen gefangen hielten. Ich folgte mit meinen zu großen Bedürfnissen des selbstgeschaffenen Alltags dem kollektiven, unbewussten Strom der Lemminge in den Tod, dem Tod des Egos.

Anschließend fuhren wir nach Hause. Nach kurzer Fahrt standen wir vor der Eingangstür meines Hauses. Ich fühlte mich jedoch in einer scheinbar fremden Umgebung. Meine Frau machte die Tür auf und bat mich herein, ich zuckte und sagte, »Darf ich da rein?«

»Das ist doch dein Haus, das du selbst gebaut hast«, antwortete sie.

Die Zimmer und die Gegenstände im Haus waren für mich eher als virtuelles Bild als eine greifbare Form wahrnehmbar. Das Haus war mir einerseits fremd, andererseits wusste ich, dass ich irgendwann dieses Haus gebaut hatte. Ich traute mich kaum in die Räume. Bei allem, was ich anfassen wollte, fragte ich in Demut meine Frau, ob ich das auch anfassen darf. Wir umarmten uns und weinten.

*

Nach einer weiteren Woche in der Reha-Klinik wurde ich von der Intensivbetreuung in die Normalbetreuung verlegt. Hier fühlte ich mich wie im Hotel, mit bester Fernsicht über Bad Camberg und die umliegenden Berge mit Blick zur Kreuzkapelle. Hier hätte ich mich bis zum Lebensende aufhalten können. Nur mit dem eigenen Zuhause konnte ich mich noch nicht richtig anfreunden. Diese vielen Dinge und die ständige Unruhe der unzähligen Wahrnehmungen brachten mich aus der Ruhe. Dagegen fühlte ich mich im „Hotel", in dem alles aufgeräumt und geordnet war, wohler als zu Hause. Dort fühlte ich mich noch wie ein Fremdkörper und ich war nicht sehr traurig, wenn der Sonntag vorbei und ich wieder in der Klinik zurück war.

So gingen weitere Tage und Wochen ins Land. Das Erlernen von Worten, Buchstaben und Ausdrucksform war äußerst mühsam. Ich kam mir vor, wie der schlechteste Schüler einer Schulklasse und es tat sehr weh, zu erkennen, dass ich die einfachsten Aufgaben nicht in der vorgesehenen Zeit wie die Anderen erfassen konnte und sie dann anschließend alleine in meinem Zimmer zu Ende führen musste. Dies war fast eine traumatische Erfahrung.

Aber ich sah auch einen Vorteil gegenüber vielen anderen Patienten in der Klinik. Ich konnte laufen, mich bewegen, brauchte keinen Rollstuhl oder andere Hilfsmittel, wie einige Mitpatienten. Zahlen und Buchstaben brauchte ich für die Fortbewegung, auch im übertragenen Sinn, nicht. Natürlich beschränkt auf einen kleineren Radius. Weiter dachte ich nicht. Reisen in die Ferne, in andere Länder kamen mir nicht in den Sinn. Ich war glücklich im Hier und Jetzt und froh, dass ich am Leben war.

Dann endlich, zwei Tage vor Heiligabend, war es soweit. Ich durfte die Klinik endgültig verlassen. Am nächsten Tag suchten wir einen Tannenbaum im Wald aus. Dies beschäftigte mich mental schon einen Tag vorher. Welches Werkzeug brauchte ich, wie sah die passende Säge aus? Gottseidank musste ich diese Schritte nicht alleine bewältigen, geschweige denn, den Baum schmücken.

Die Zeit der Rehabilitation war jetzt zu Ende. Und ich wurde aus einer Geborgenheit gerissen, das war nicht wirklich erleichternd. Mir wurde in der Familie schnell bewusst, dass ich irgendwie nur das dritte Rad am Wagen war. Es fand sich keine gemeinsame Basis für eine Bewältigung des Alltages, was mich betrübte. Meine Familie und ich lebten in zwei unterschiedlichen Welten mit unterschiedlichen Geschwindigkeiten. Ich konnte dem nicht folgen. Da ich jetzt eher mehr Zuwendung brauchte und oft hilflos war, wenn ich etwas nicht alleine erledigen konnte, schmerzte mich meine vermeintliche Hilflosigkeit noch stärker.

Die sich nun abzeichnenden Spannungen, die sich durch die Weihnachtsvorbereitungen und meine dreimonatige Abwesenheit entwickelten, wurden für mich einerseits noch unerträglicher, weil ich mich nicht mehr einbringen konnte, andererseits empfand ich eine Freude, wie man alles so liebevoll um mich arrangiert hatte. Dieses erste Weihnachten nach meinem Unfall nahm ich ganz anders war als früher. Heiligabend hatten wir eh selten Besuche gehabt. Damit konnte es also nichts zu tun haben, dass ich das anders empfand. Ich fühlte mich zum ersten Mal wieder richtig geborgen und konnte mich zurücklehnen, was ich zuvor nie getan hatte. Die anderen waren jetzt die Macher.

Heiligabend fuhren wir vor der Bescherung nach Idstein, in die schöne Unionskirche. Die gefühlsmäßige Offenheit, die sich in der kollektiven Wahrnehmung der Besucher widerspiegelte, ergriff meine Gefühle.

Als nach unserer Rückkehr nach Hause die Bescherung anstand, wir einige Lieder in Begleitung der Flöte meiner Frau gesungen hatten, wurden die Geschenke ausgeteilt. Während des Auspackens versuchte ich, ihren Sinn zu erkunden. Diese Dinge bedeuteten mir in diesem Moment sehr wenig, wunderte mich aber mit welcher Freude sie diese Geschenke auspackten. Ihre freudigen Gesichter zu sehen, war für mich das größte Geschenk.

Aber in mir reifte in diesen Tagen noch eine andere Erkenntnis. Ich erkannte, dass mein Leben in dieser Familie seinen angestammten Platz verloren hatte. So schmerzlich diese Erkenntnis auch war, in ihr lag aber zugleich die Chance auf ein neues, wahrhaftigeres Leben.

Alle Wesen der Schöpfung streben unbewusst nach der Erlösung in die Einheit, aus der wir uns herausgerissen empfinden. Je nach Leidensdruck und der Fähigkeit Liebe in sich zu spüren. Auch ohne Bedürfnisse aus dem Äußeren, weil dahinter das Wollen steht, dessen was nicht im Einklang ist. Denn Liebe nur vom Außen kommend wird immer scheitern. Erst durch Verzicht der äußeren Liebessymbole wächst die Liebe auf einer anderen Ebene, nämlich der, die Liebe geben kann, ohne äußere Symbole zu bekommen. Die Liebe, die im Herzen spürbar ist, lässt sich von außen nicht ersetzen, sie ist in dir! Die kosmische Liebe, Gott, ist in dir. In der Vereinigung mit Gott kann man diese Liebe spüren.

Franz von Assisi sagte: »Das was sucht ist das Gesuchte!«

Dieser Aphorismus sagt, dass unser Tun und Denken ein Resonanzfeld dessen ist, was sucht. Und das ist nicht mehr abhängig vom Außen. Es ist eine Herausforderung und ein Angriff des Egos, keinen falschen Propheten zu huldigen, die vieles versprechen. Nur mit Dankbarkeit wächst Glück und Zufriedenheit. Und dazu braucht man sehr wenig.
Solche Erkenntnisse spiegeln sich in jeder Zelle des Mikro- und Makrokosmos wider und alle Energie fließt und alles ist im Fluss, daran kann unser Tod nichts ändern. Ändern kann sich nur unsere Sichtweise über diese Urkräfte, die in der Schöpfung vereint sind und sie wirken in allem, was uns umgibt.

***

Warum habe ich diese Geschichte meiner Lebenswende erzählt, die für Sie vielleicht keine große Bedeutung hat?

Ich habe sie geschrieben, weil dieser Blick täuscht, denn alle Grenzerfahrungen eines Menschen sprechen archaische Urprinzipien des Seins an, ob bewusst oder unbewusst. Um dieses Unfalltrauma daher einigermaßen zu erfassen, gehört diese Geschichte dazu, weil hinter der Geschichte eine übergeordnete Wahrheit steht, die mit offenen Sinnen gesehen, als innere Botschaft menschlicher Unzugänglichkeiten erfahrbar werden kann. Alles, was im Jetzt geschieht, hat eine Vorgeschichte und eine Auswirkung für die Zukunft. Jeder Mensch trägt ein Muster in sich, aus dem er sich zu erlösen versucht. Dinge geschehen nie zufällig! Ob Unfälle oder Krankheiten, diese Dinge haben Muster. Sie haben eine tiefe Bedeutung und einen tiefen Sinn, auch wenn diese erst nach Jahrzehnten oder in einem neuen Leben ans Licht kommen.

Ich wünsche Ihnen, dass meine Geschichte Sie dazu anregt, darüber nachzudenken, wo sich das Ego eingenistet hat, um zu erkennen, wie es wieder abgebaut werden kann, um Liebe zu entwickeln.

*

Hinweis: In die Geschichte hat Peter Göbel seine eigenen Erlebnisse und Eindrücke sowie die Schilderungen seiner Frau und Tochter nach einem schweren Unfall einfließen lassen. Bei der literarischen Aufbereitung der Geschichte wurde Peter Göbel von dem Autor Karl-Heinz Harpf unterstützt.

Über den Autor dieser Kurzgeschichte

Peter Göbel wurde 1946 in Eltville/Rheingau geboren und lebt jetzt in Hünstetten im Taunus. Durch einen Wasserskiunfall am 18.9.2004 an der Lahn, stürzte er mit hohem Tempo gegen die Uferböschung der Lahn. Dabei erlitt er schwerste Kopfverletzungen, die die linke Gehirnhälfte, zuständig für die Ratio, weitgehend außer Funktion setzten. Dies führte zu einer geistigen und spirituellen Transformation aller Inhalte seines bisher geführten Lebens und eine Auslöschung der vorher gelebten Identität. Nur dank seiner ausgezeichneten körperlichen Konstitution und dem hohen Lebenswillen überlebte er und es gelang ihm, dabei den tieferen Sinn dieses Ereignisses einen positiven Wert abzuringen. Danach prägten Gefühle und Intuition sein weiteres Leben. Durch den Verlust seiner Egoidentität hatten die wirklichen Werte im Leben plötzlich einen großen Raum. Hellsichtigkeit und Weitsichtigkeit sowie eine Art von Jenseitserfahrung prägten danach den Alltag. Energien, die Menschen, Tiere und Pflanzen umgeben, wurden von ihm intensiv und authentisch wahrgenommen. Die größte Kraft und Energie, die seine Zukunft jetzt bestimmen, ist, seine Wahrnehmungen in einem Buch niederzuschreiben und sie somit auch anderen Menschen zugänglich zu machen, damit sie daraus Hoffnung schöpfen können.

Märzfreude

☆☆☆

Ist das Grau auch noch nicht ganz verflogen,
ist kräftig doch schon der Sonne Schein.
Die Kraniche, die im Herbst gen Süden gezogen
und manch anderes Vögelein kehrt nun heim.

In den Gesichtern der Menschen seh ich Lächeln,
mit Farbklecksen bereichert uns jetzt die Natur,
der Frühling zieht bald ein in unsere Herzen,
Freude, Freude, nicht nur in Wald und Flur.

Das Geheimnis von Weihnachten

Marlena Frei

☆☆☆

Es ist ein kalter Wintertag, die Mädchen laufen dick eingemummelt und trotzdem frierend durch die volle Stadt. Schnell steuern sie auf das nächste Geschäft zu, um sich aufzuwärmen. So geht es schon seit Stunden. Sie rennen von einem Geschäft zum nächsten. Mara hat die Hände bereits voller Tüten, Nathalie hat nur ein paar Kleinigkeiten gekauft.

Nathalies kleine Schwester, Lucie, trottet gelangweilt neben ihr her und hat keine Lust mehr; sie möchte nur noch nach Hause.
Die Mädchen betreten ein Kaufhaus. Große Tische voller Weihnachtssachen begrüßen sie. Voller Kauflust stürmt Nathalie auf all die Leckereien zu. Sie greift nach Lebkuchen und Dominosteinen. Auch von der Weihnachtsdekoration ist sie ganz angetan.

»Nami, warum schaust du die ganze Zeit nur in der Weihnachtsabteilung? Bis dahin ist noch so lange Zeit, ich wollte doch heute schön mit dir shoppen gehen!«

Wütend schaut sie ihrer Freundin zu, wie sich immer mehr Weihnachtsartikel auf ihrem Arm stapeln.

»Freust du dich nicht auf Weihnachten?«, fragt Lucie ganz erschrocken.

»Nein, ich freue mich nicht mehr auf Weihnachten. Das ist doch alles übertrieben! Die ganze Welt spielt verrückt, nur wegen alten Bibelgeschichten!«
Mara redet sich in Rage und bemerkt den erschrockenen Blick des kleinen Mädchens nicht.

»Freust du dich nicht aufs Christkind? Auf all die Geschenke?«, fragt Lucie weiter.

»Das bisschen, was meine Eltern mir…«

»Natürlich freut sie sich auch aufs Christkind!«, unterbricht Nathalie ihre Freundin. Sie wirft dem Mädchen einen bösen Blick zu und wechselt schnell das Thema.

»Willst du denn keine Geschenke kaufen?«

»Für wen denn? Meinen Eltern und meiner Schwester bestelle ich irgendetwas und für Oma und Opa besorgt Mama was. Ach und für meinen Bruder will Lena etwas besorgen, ich soll ihr einfach das Geld geben! Außerdem, es ist doch noch viel zu früh!«

»Süße, in einer Woche ist Heiliger Abend, wie lange willst du noch warten?«

Die Zwei sind so in ihr Gespräch vertieft, dass sie Lucie ganz vergessen. Auf einmal meldet sich das kleine Mädchen erschrocken zu Wort:

»Mara, aber warum musst du denen denn was kaufen? Das macht doch das Christkind!«

Mara wirft ihrer Freundin einen unsicheren Blick zu.

»Da hast du natürlich recht, das habe ich ja ganz vergessen!«, meint Mara und lacht verunsichert.

»Aber das kannst du doch nicht einfach vergessen!«, meint Lucie.

»Doch, ich muss so viele Geschenke besorgen, da vergesse ich manchmal, wem das Christkind etwas bringt!«

Nathalie merkt die Unsicherheit bei Mara, doch weiß sie nicht, wie sie ihr helfen kann.

Was soll sie nur sagen? Wie kann sie ihre Schwester vom Christkind überzeugen? Was glaubt sie, was nicht?

Schon seit Wochen fragt ihre kleine Schwester immer wieder nach dem Christkind. Früher hat sie sich darauf gefreut und konnte es kaum erwarten, alle Geschenke auszupacken. Und immer wenn der Himmel leicht rot aussah, sagte sie ganz fröhlich: »Schau mal, das Christkind ist schon wieder wach und backt für uns Plätzchen! Es dauert nicht mehr lange, dann ist Weihnachten!«

Anfang November hatte das kleine Mädchen bereits ihren Wunschzettel auf den Balkon gelegt und jeden Morgen erwartungsvoll nachgesehen, ob das Christkind ihn schon abgeholt hatte.

Doch seit sie diesen Sommer eingeschult wurde, scheint sie immer mehr die Wahrheit zu erfahren.

Viele Kinder aus ihrer Klasse versuchten ihr einzureden, es gäbe kein Christkind. Sie verunsicherten das kleine Mädchen so sehr, dass sie abends weinend in den Armen ihrer Mutter lag und nach der Wahrheit fragte. Ihre Mutter versuchte ihr einzureden, dass die Schüler nur Geschichten erzählen würden und dass es ohne das Christkind ja gar keine Geschenke gäbe. Lucie glaubte ihrer Mutter. Sie war überzeugt davon, dass ihre Mutter sie niemals anlügen könnte.

Am nächsten Tag lag sie wieder heulend in den Armen ihrer Mutter, denn Schüler hatten sie ausgelacht, weil sie gesagt hatte, dass es doch das Christkind gäbe. Die Mutter brachte es nicht übers Herz, ihrem kleinen Mädchen die Wahrheit zu sagen. Sie hatte Angst, dass diese Erkenntnis dem Kind die Freude an Weihnachten nehmen würde.

Sie wusste noch, als Nathalie die Wahrheit erfahren hatte, wollte sie Weihnachten gar nicht mehr feiern. Sie hatte keine Lust Plätzchen zu backen und einen Wunschzettel wollte sie auch nicht gestalten. Sie wollte im Advent keinen Adventskranz und selbst die Geschenke aus dem Adventskalender konnten sie nicht aufheitern. Bis zum vierten Advent mied sie alles, was mit Weihnachten zu tun hatte. Selbst der Nikolaus kam in diesem Jahr nicht.

Am vierten Advent war Familiengottesdienst. Die Mutter bestand darauf, dass die ganze Familie in die Kirche ging. Und als das Mädchen dann die Weihnachtsgeschichte hörte und mit anderen Kindern ein kleines Theaterstück vorbereitete, kam die Lust auf Weihnachten wieder zurück. Auch wenn die Festtage noch schön wurden, diese Adventszeit würde sie dennoch nie vergessen können.

So schlimm hatte sie den Advent noch nie empfunden, ihr Kind nahm ihr all die Freude an Weihnachten und der gemütlichen Zeit im Voraus. Sie aß keine Lebkuchen, keine Plätzchen und auch auf ihre Dominosteine verzichtete sie. Sie hatten keinen Adventskranz, weil Nathalie sonst zu schreien begann. Es war furchtbar. So wollte sie diese schöne Vorweihnachtszeit nicht noch einmal erleben. Sie hatte sich geschworen, ihrer kleinen Tochter erst dann die Wahrheit zu sagen, wenn sie in der Lage ist, das zu verarbeiten. Doch auch das Schwindeln war nicht leicht. Ihr fiel es sehr schwer, dem Kind all die Märchen zu erzählen. Und als ihr Mädchen wegen ihrer Worte, heulte, hätte sie um ein Haar mit ihr geweint. Doch dann wäre die Adventszeit wieder so geworden, wie sie es nie mehr haben wollte. Die Adventszeit hätte aus Tränen und Traurigkeit bestanden. Abends lag die Mutter dann mit Tränen in den Augen in den Armen ihres Mannes. Wegen all dem Flunkern war sie so fertig und empfand sich selbst als Rabenmutter. Doch ihr Mann hatte sie gestärkt. Er hatte sie wieder aufgeheitert und meinte, genau aus diesem Grund, weil sie sich solche Sorgen um ihre Kinder macht und nur an diese denkt, wäre sie keine Rabenmutter. Er lobte sie und bezeichnete sie als die beste Mutter. Außerdem meinte er, dass sie nicht lügen würde. Sie würde einfach nicht die Wahrheit sagen, sondern ein Kindermärchen erzählen. Und das alles ja auch nur aus Liebe. Aus der großen Liebe zu ihren Kindern.

Bevor das Ehepaar einschlief, hatte der Mann seiner Frau noch eine Lebensweisheit ins Ohr geflüstert: »Du glaubst nicht an das, was es wirklich gibt, sondern an das, was du gerne hättest.«

Also beharrte die Mutter auf ihrer Antwort und erklärte ihrem Mädchen, dass sie sich nicht irritieren lassen solle.

Jetzt steht die Erstklässlerin im großen Kaufhaus und ist verwirrt. Sie hört so viele verschiedene Dinge und weiß nicht mehr, was sie glauben soll, glauben kann. Mit einem traurigen Blick fragt das kleine Mädchen: »Ich dachte, das Christkind schenkt allen Kindern etwas! Warum kaufst du deinen Geschwistern dann trotzdem Geschenke?«

Auch Mara ist verwirrt. Sie hat selbst keine jüngeren Geschwister und glaubt schon lange nicht mehr an das Christkind. Sie zerbricht sich den Kopf. Sie sucht nach einer möglichen Antwort, nach einer geeigneten Ausrede. Ihre Freundin kommt ihr zu Hilfe. Sie kennt ihre Schwester besser und weiß, wie sie Lucie beruhigen kann.

»Süße, ich habe dir doch schon mal erzählt, dass nur die Kinder Geschenke vom Christkind bekommen! Manche Kinder haben aufgehört an das Christkind zu glauben und dann hat das Christkind aufgehört, diesen Kindern Geschenke zu bringen!«

Nun wirft sie ihrer kleinen Schwester einen verunsicherten Blick zu und versucht aus ihrem Gesicht abzulesen, ob sie ihr glaubt. Mara hat plötzlich auch eine gute Idee und führt die Lügen weiter. Die Geschichte verwebt sich immer mehr. Es ist ganz schön schwer, das kleine unsichere Mädchen vom Christkind zu überzeugen.

»Weißt du Lucie, meine Geschwister haben aufgehört, an das Christkind zu glauben. Sie haben ihren verrückten Mitschülern geglaubt und nicht unseren Eltern, die ihnen die Wahrheit sagten. Auch ich habe immer wieder versucht ihnen zu sagen, dass es das Christkind gibt. Aber wer glaubt schon seiner kleinen Schwester! Sie haben mich ausgelacht und am Heiligen Abend lagen für die Zwei dann keine Geschenke unter dem Weihnachtsbaum. Sie haben fürchterlich geweint und es war das schlimmste Weihnachten, das wir gemeinsam erlebt hatten. Meine Eltern konnten diese Trauer in ihren Augen nicht ertragen und seitdem kaufen sie Tom und Lena selbst Geschenke. Nur wenige Geschenke, denn mehr haben sie nicht verdient, denn sie sind immerhin selbst dran schuld.«

Sie beendet ihre Rede und Nathalie sieht ihr ihre Erleichterung an. Sie ist stolz auf ihre Freundin, die ihrer Schwester eine so überzeugende Geschichte aufgetischt hat. Sie lächelt Mara aufmunternd zu und diese grinst fröhlich zurück. Lucie steht neben ihrer Schwester. Sie schaut immer noch leicht verwirrt. Auch in ihrem Kopf schwirren Tausende Fragen. Was soll sie glauben? Wer sagt die Wahrheit, wer erfindet Geschichten? Doch jetzt, nach dieser Geschichte, möchte sie doch eigentlich ans Christkind glauben. Sie malt sich aus, wie sie an Weihnachten keine Geschenke bekommt und heulend unter dem Baum sitzt. Sie stellt sich vor, wie das schönste Fest im Jahr für sie zum schlimmsten Fest wird, nur weil sie Märchen glaubt und die Wahrheit nicht erkennt.

Eine ganze Weile herrscht Schweigen. Keiner sagt etwas. Doch dann kuschelt sich die kleine Lucie an die Beine ihrer Schwester und fragt an Mara gewandt: »Stimmt das wirklich?«

In ihrer Stimme schwingt noch eine gewisse Unsicherheit mit. Doch das Lächeln ist wieder in ihrem Gesicht aufgetaucht. Dieses süße, freche Grinsen, was dieses kleine Mädchen ausmacht.

»Natürlich stimmt das!«, meldet sich Mara wieder zu Wort.

Nathalie glaubt, dass Mara es geschafft hat, ihre Schwester zu überzeugen. Sie will jetzt nur schnell das Thema wechseln, damit sie sich nicht noch mehr Geschichten ausdenken müssen. Sachte schiebt sie ihre Schwester von sich weg und meint grinsend: »Komm, wir müssen doch zur Kasse, ich muss jetzt endlich bezahlen.«

Lucie stellt keine weiteren Fragen, trottet neben den großen Mädchen her. Nathalie stellt sich an die Kasse. Die Schlange ist riesig und sie fragt ihre Freundin, ob sie mit Lucie nicht nach

Spielsachen schauen möchte. Ihre Schwester scheint begeistert, stößt einen Jubelschrei aus, doch ihre Freundin streckt ihr frech die Zunge raus. Nathalie weiß genau, wie gerne Mara jetzt durch die Modeabteilung geschlendert wäre. Doch Mara ist eine gute Freundin, reicht Lucie die Hand und fährt mit der Rolltreppe in die Kinderabteilung. In Mara breitet sich Angst aus. Was wenn das kleine Mädchen sie erneut nach dem Christkind fragen würde? Könnte sie wieder lügen? Hat sie noch eine andere Geschichte auf Lager? Oder würde sie die Wahrheit raus brüllen und so das Mädchen zum Weinen bringen? Jetzt nur keinen Fehler machen, befiehlt sich Mara und lacht Lucie aufmunternd zu.

Lucie fängt an wie ein Wasserfall zu erzählen und Mara atmet erleichtert auf. Lucie erzählt von der Schule und wie sehr sie sich auf die Ferien freut. Kein Wort verliert sie über das Christkind und Mara fällt ein Stein vom Herzen. Sie schauen nach Puppen, denn Lucie liebt es, mit Barbiepuppen zu spielen. Aufgeregt zählt sie auf, welche Barbies sie hat und welche sie sich noch wünscht, vom Christkind! Sie erzählt, wie ihre Puppen heißen und mit wem sie verheiratet sind. Manche haben Kinder, kleine Puppenkinder, die bereits prächtige Kleider tragen. Die Königsfamilie hat eine Kutsche und Ken ein pinkfarbenes Auto. Lucie ist begeistert, plappert und plappert und scheint nun Mara zu verwirren. Maras Blick zeigt, dass Mara ganz schön durcheinander ist. Auf Maras Stirn bilden sich kleine Fältchen. Man könnte meinen, dass man ihr Gehirn nachdenken hört, so sehr, wie sie sich anstrengt, um den Erzählungen des kleinen Mädchens folgen zu können. Doch sie lacht mit dem Mädchen und ist glücklich. Sie ist innerlich so stolz auf sich, denn sie hat heute ganze Arbeit geleistet. Sie hat ein kleines Mädchen vom Christkind überzeugt!

Sie erinnert sich, wie sie als kleines Mädchen begann, am Christkind zu zweifeln. Ihre Geschwister meinten, es gäbe kein

Christkind. Sie war so wütend und blieb bei der Behauptung, es gäbe das Christkind. Auch sie wurde ausgelacht und wusste nicht mehr, was sie glauben kann. Sie hatte mit ihrem Hund gesprochen, doch auch der konnte ihr nichts vom Christkind erzählen. Ein Jahr lang war sie verunsichert. Es gab immer mal wieder Zeiten, in denen sie an das Christkind glaubte. Aber dann kamen auch wieder die Zeiten, wo ihr all die kleinen Dinge auffielen, die sie am Christkind zweifeln ließen. Da war die Mutter, die auf einmal so oft in die Stadt fuhr. Da waren die Geschenke im Keller, die nach Weihnachten wieder verschwunden waren. Da waren die Karten, die in Mutters Handschrift geschrieben waren. Da war so viel, das gegen das Christkind sprach. Und dann, fast ein Jahr später, an einem kalten Dezembertag, belauschte sie ein Gespräch. Sie konnte nicht schlafen, schlich die Treppe hinunter und wollte zu ihren Eltern. Sie stand vor der angelehnten Wohnzimmertür und hörte ihre Eltern über ihre Geschenke diskutieren. Sie betrat das Zimmer. Ihre Mutter schrie auf: »Mara, was machst du denn hier. Ab ins Bett, du hast hier nichts zu suchen!«

Ihr Vater kam zu ihr, umarmte sie und führte sie aus dem Zimmer. Doch sie hatte genug gesehen und gehört. Sie wusste, was es zu Weihnachten geben würde, denn ihre Mutter wollte es gerade einpacken. Ihr Vater versuchte ihr zu erklären, dass sie dem Christkind nur helfen würden. Das Christkind hätte so viel zu tun, da bräuchte es Hilfe. Doch sie hatte schon zu viel gehört, um diese Worte glauben zu können. Sie wusste noch, wie sie heulend im Bett lag und ihr Vater sich nicht zu helfen wusste. Er war regelrecht überfordert und holte nach einer Weile ihre Mutter. Doch auch sie konnte sie nicht mehr vom Christkind überzeugen. Es war vorbei!

Ganz in Gedanken versunken merkt Mara gar nicht, dass ihre Freundin schon da ist. Sie war so vertieft in ihre Gedanken, dass sie gar nichts mehr mitbekam. Nathalie unterhält sich freudig mit Lucie und lacht. Lucie ist immer noch dabei, von ihren Barbies zu erzählen.

Die drei Mädchen führen ihre Shoppingtour fort. Sie haben noch eine Menge Spaß und haben das Thema Christkind vergessen, kein Wort wird mehr über das Christkind verloren. Lachend fahren sie mit der Bahn nach Hause. Lachend steigen sie in das Auto ihrer Mutter, das am Bahnhof auf sie wartet. Lachend verabschieden die Mädchen Mara, als sie vor ihrer Haustür stehen. Lachend schlafen sie ein und denken an den vergangenen Tag zurück.

Auch die letzte Woche vor Weihnachten ging wie im Flug vorbei. Mittwochs bekamen die Mädchen Ferien. Sie waren so glücklich, nun hätten sie endlich mal wieder Zeit!

Am Donnerstagmittag klingelte Nathalies Handy. Auf ihrem Display stand Mara. Auf diesen Anruf hatte Nathalie bereits gewartet. Irgendwann musste ihre Freundin ja auch Geschenke besorgen. Sie hob grinsend ab und sprach mit ihrer Freundin. Mara war voll in Panik, weil sie zwei Tage vor Weihnachten immer noch keine Geschenke hatte. Nathalie musste innerlich über ihre beste Freundin schmunzeln. Sie erinnerte sich an das Gespräch zurück, dass die Zwei in der Stadt geführt hatten. Eine Woche vor Weihnachten hatte Mara keine Lust auf Weihnachten, Geschenke und all den Kram und nun, zwei Tage vor Weihnachten, wollte sie noch in die überfüllte Stadt fahren, um Geschenke zu kaufen. Natürlich wollte Nathalie ihrer besten Freundin zur Seite stehen und verabredete sich für den Mittag mit ihr in der Stadt.

Die Stadt scheint noch voller, als die Woche zuvor. Kleine Schneeflöckchen schweben auf die Erde. Die Leute rennen fast durch die Kälte, alle tragen schwere Tüten mit sich herum. Alle haben sich dick eingemummelt in ihre Winterjacke und verstecken ihren Kopf unter einer warmen Mütze. Die Mädchen sind ein Teil dieser hektischen Menge. Auch sie laufen dick eingepackt mit schweren Tüten in einem schnellen Schritt durch die Stadt. Sie hetzen von einem Geschäft zum anderen, damit sie übermorgen auch für jeden ein Geschenk haben. Nur kurz machen sie eine Pause, setzen sich in ein Café, um sich aufzuwärmen. Sie setzen sich ans Fenster und schauen begeistert zu, wie die Schneeflocken ganz verrückt durch die Lüfte tanzen. Die wenigsten schaffen es auf die Erde. Die, die die Erde berühren, schmelzen in Sekundenschnelle.

Frisch aufgetaut verlassen die Freundinnen wieder das warme Café, um weiter nach geeigneten Geschenken Ausschau zu halten. Nathalie hat sich für diese Weihnachten vorgenommen nur wenige Geschenke zu kaufen. Sie wollte Geld sparen und ihre Eltern sagen ja auch immer, sie müsse nicht viel Geld ausgeben. Sie nahm sich vor, für jeden, eine Kleinigkeit zu kaufen und dann noch etwas zu basteln. Doch sie wusste, dass sie das nicht schaffen würde. Sie kauft viel zu gerne und liebt es, andere Menschen zu beschenken. Nun läuft sie neben ihrer Freundin Richtung Bahnhof und hat fast mehr Tüten als Mara. Sie wollte doch nur ihrer Freundin als Beratung dienen und nicht selbst shoppen. Im Stillen ärgert Nathalie sich über sich selbst. Sie hätte ihr Geld zu Hause lassen und einfach nur ihre Freundin unterstützen sollen.

Kurze Zeit später steht sie mit diesen riesigen Tüten völlig erschöpft vor ihrer Haustür. Nathalie klingelt, da sie nicht in der Lage ist, mit den Tüten in der Hand, nach ihrem Schlüssel zu suchen. Ihre Schwester öffnet die Tür und sagt überrascht: »Nathalie! Du hast aber viele Tüten!«

Als ihre Schwester das sagt, muss Nathalie an Rotkäppchen denken, wie das Rotkäppchen zu dem Wolf sagt: »Großmutter, du hast aber große Ohren!«

Nathalie meint, sie müsse dringend auf die Toilette und flitzt an ihrer Schwester vorbei in ihr Zimmer. Schnell versteckt sie die Tüten in ihrem Schrank, denn auch für ihre Schwester hat sie etwas gekauft. Sie hat Glück, als sie sich umgezogen hat und ins Wohnzimmer geht, ist Lucie abgelenkt, scheint die vielen Tüten vergessen zu haben. Sie lacht und spielt mit den Eltern.

Doch auch wenn Lucie so glücklich aussieht, sind ihre Gedanken wieder beim Christkind. Diese Fragen bekommt sie einfach nicht aus ihrem Kopf. So viel spricht gegen das Christkind, aber warum sollten ihre Eltern und ihre Schwester sie belügen? Doch auf der anderen Seite fragt sie sich, warum ihre Schwester dann auch so viele Geschenke gekauft hat. Ihre Familie glaubt doch ans Christkind!

All diese Fragen quälen dieses kleine Mädchen all die Tage. Morgens, wenn sie aufsteht, abends, wenn sie ins Bett geht und auch jetzt auf dem Weg zu »Warten aufs Christkind«. Es ist eine Veranstaltung, die den Kindern das Warten auf das Christkind erleichtern soll. ›Spricht dies nicht wieder für das Christkind?‹, fragt sich Lucie im Stillen. Auch fragt sie sich, ob sie denn Weihnachten genießen kann, wenn diese Fragen sie auch am Festtag quälen. Und auch wenn sie es sich selbst nicht gerne eingesteht, so hat sie doch ein bisschen Angst vor Weihnachten. Und das alles nur, weil sie nicht ans Christkind glaubt oder besser gesagt, nicht weiß was sie glauben soll.

Aufgeregt rennt sie zu ihren Freundinnen. Sie sitzen alle nebeneinander im Stuhlkreis. Es ist das erste Jahr, in dem sie zu den Größeren darf. Sie spielen schöne Spiele, die Zeit vergeht wie im Flug. Sie lachen, haben Spaß und Lucie schafft es fast, das Christkind zu vergessen.

Auch Nathalie und Mara sind beim »Warten aufs Christkind«, aber nur wegen Lucie.

Als Nathalie vergangene Woche meinte, sie würde zu Hause bleiben, hätte keine Lust mehr darauf, schrie Lucie ganz erschrocken: »Aber dann siehst du ja das Christkind! Oder das kommt gar nicht, nur weil du da bist!«

Also hatte Nathalie ihre beste Freundin gefragt, ob sie mit ihr kommen würde und zum Glück hatte ihre Freundin zugesagt. Sie hatte erneut Glück, denn dieses Jahr gab es keinen Karaoke-Wettbewerb und auch keine kindischen Spielchen, sondern einen lustigen Film.

Während die Kinder Spaß haben, bereiten die Eltern das Fest vor. Als alle Geschenke unter dem Baum liegen, der Tisch gedeckt und das Essen vorbereitet ist, gehen sie duschen und machen sich schon schick. Gleich würden sie sich in der Kirche das Krippenspiel anschauen.

Auch die Kinder von »Warten aufs Christkind« gehen gemeinsam in die Kirche, um das Krippenspiel anzuschauen. Für all die Kinder sind die ersten Bankreihen reserviert, doch Lucie rennt zu ihren Eltern und setzt sich auf den Schoß ihrer Mutter.

Nach dem Gottesdienst wünschen sie allen »Frohe Weihnachten« und betrachten die Krippe. Lucie ist fasziniert von dem Mohr, der mit dem Kopf wackelt, wenn man Geld spendet. Sie bettelt bei ihren Eltern um immer mehr Geld und wirft immer einzelne Cent-Stücke ein. Sie möchte gar nicht nach Hause; doch als die Mutter meint, dass sie noch duschen muss, bevor das Christkind kommt, verlässt sie ganz schnell die Krippe.

Der Vater hat gerade die Tür aufgeschlossen, da flitzt das Mädchen schon ins Bad und unter die Dusche. Die Mutter ist erstaunt, dass sie sich so schnell duschen kann, denn keine fünf Minuten später möchte Lucie von ihrer Mutter geföhnt werden. Auch Nathalie beeilt sich. Ihre Schwester drängelt ganz ungeduldig, als sie noch vor dem Spiegel steht und sich schminkt.

Auch die Eltern sind im Bad und unterhalten sich. Alle sind gut gelaunt. Gemeinsam singen sie Weihnachtslieder und lachen viel. Der Vater knipst verrückte Bilder. Er hält fest, wie Nathalie das Gesicht beim Schminken verzieht und wie Lucies Haare nach dem Föhnen abstehen. Auch macht er ein lustiges Bild von seiner Frau, die beim Singen den Mund weit aufgerissen hat. Als Lucie sich bei ihrer Schwester beschwert, weil sie zu langsam sei, beruhigt ihre Mutter sie. Sie meint, sie müsse nicht so hetzen, da sie sowieso noch auf das Christkind warten müssten. Und als dann auch Nathalie fertig ist und gemeinsam mit ihrer Familie Weihnachtslieder trällert, klingelt auf einmal ein Glöckchen. Das Glöckchen vom Christkind!

»Das Christkind!«, ruft Lucie begeistert und möchte schon aus der Tür rennen. Und das erste Mal, seit all den Monaten, ist ihr klar, dass es das Christkind gibt und bestimmt viele tolle Geschenke für sie unter dem Baum liegen. Und sie freut sich so sehr auf das Fest, wie lange nicht mehr. All die Zweifel der vergangenen Wochen, all die Fragen sind verschwunden und auch ihre Eltern strahlen um die Wette.

Doch kurz muss sich das Mädchen noch gedulden, muss sie noch träumen, denn der Vater hält sie zurück. Sie stellen sich alle vor den Badschrank und der Vater macht ein Foto. Danach noch ein Spaßfoto und dann ein Familienbild. Sie singen »Alle Jahre wieder« als sie das Bad verlassen und freudig Richtung Wohnzimmer gehen.

Der Weihnachtsbaum ist prächtig geschmückt. Er leuchtet und glänzt wie nie zuvor. Und unter ihm liegen eine Menge Geschenke. Freudig packt Lucie ihr erstes Geschenk aus. Ihr Wunsch ist in Erfüllung gegangen: Das Glam-Haus von Barbie! Sie sprüht nur so vor Freude und bedankt sich überglücklich. Doch nicht bei den Eltern, sondern sie schreit es in die Höhe zum Christkind.

Nathalie scheint noch glücklicher zu sein als ihre Schwester. Sie hat noch kein Geschenk ausgepackt, doch sie sieht, wie glücklich ihre Schwester ist.
Freudig rennt sie ins Bad, unter dem Vorwand auf die Toilette zu müssen, und schreibt Mara aufgeregt eine SMS, dass Lucie doch ans Christkind zu glauben scheint. Sie bedankt sich bei ihrer Freundin und wünscht ihr auch ein schönes Weihnachtsfest und viele tolle Geschenke vom Christkind!

Über die Autorin dieser Kurzgeschichte

Marlena Frei lebt in Niederbrechen. Sie ist 1997 in Diez geboren. Sie besucht die Marienschule in Limburg. Ihre Hobbies sind Tanzen, Klavier spielen, Aerobic, Lesen, Fotografieren und Schreiben.

Marlena Frei hat gerade ihr erstes Manuskript geschrieben, das sie bald zu veröffentlichen erhofft. Dabei handelt es sich um einen Jugendroman.
Des Weiteren schreibt sie gerne Gedichte.

Ihre Email-Adresse lautet marlena-frei@t-online.de.

Sprechen- und Schreibenkönnen heißt
Freiwerden: zugegeben, daß nicht immer daß
Beste dabei herauskommt; aber es ist gut, daß es
Sichtbar wird, daß es Wort und Farbe findet.

(Friedrich Wilhelm Nietzsche, (1844 - 1900),
deutscher Philosoph,
Essayist, Lyriker und Schriftsteller)